A TRÉGUA

PRIMO LEVI

A TRÉGUA

Tradução
Marco Lucchesi

4ª reimpressão

COMPANHIADEBOLSO

Copyright © 1958, 1963 e 1989 by Giulio Einaudi editore s.p.a., Torino

Grafia atualizada segundo o Acordo Ortográfico da Língua Portuguesa de 1990, que entrou em vigor no Brasil em 2009.

Título original
La tregua

Capa
Jeff Fisher

Preparação
Márcia Copola

Consultoria
Francisco Foot Hardman

Revisão
Adriana Moretto
Pedro Carvalho

Dados Internacionais de Catalogação na Publicação (CIP)
(Câmara Brasileira do Livro, SP, Brasil)

Levi, Primo, 1919-1989.
 A trégua / Primo Levi ; tradução Marco Lucchesi. — 1ª ed. — São Paulo : Companhia das Letras, 2010.

 Título original: La tregua.
 ISBN 978-85-359-1720-8

 1. Romance italiano I. Título.

10-07267 CDD-853

Índice para catálogo sistemático:
1. Romances : Literatura italiana 853

2023

Todos os direitos desta edição reservados à
EDITORA SCHWARCZ S.A.
Rua Bandeira Paulista, 702, cj. 32
04532-002 — São Paulo — SP
Telefone: (11) 3707-3500
www.companhiadasletras.com.br
www.blogdacompanhia.com.br
facebook.com/companhiadasletras
instagram.com/companhiadasletras
twitter.com/cialetras

Sonhávamos nas noites ferozes
Sonhos densos e violentos
Sonhados de corpo e alma:
Voltar; comer; contar.
Então soava breve e submissa
a ordem do amanhecer:
"Wstavach";
E se partia no peito o coração.

Agora reencontramos a casa,
Nosso ventre está saciado,
Acabamos de contar.
É tempo. Logo ouviremos ainda
o comando estrangeiro:
"Wstavach".

       11 de janeiro de 1946

SUMÁRIO

O degelo *9*
O Campo Maior *16*
O grego *30*
Katowice *54*
César *68*
Victory Day *82*
Os sonhadores *93*
Para o Sul *104*
Para o Norte *117*
Uma "curitzinha" *125*
Velhas estradas *135*
O bosque e o caminho *145*
Férias *158*
O teatro *172*
De Státyie Doróghi para Iasi *182*
De Iasi à linha *194*
O despertar *209*

Sobre o autor *215*

O DEGELO

Nos primeiros dias de janeiro de 1945, sob a pressão do Exército Vermelho, já nas proximidades, os alemães desocuparam às pressas a bacia mineira silesiana. Todavia, em outros lugares, e em análogas condições, não hesitaram em destruir com fogo ou com as armas o *Lager*, campo de concentração ou de extermínio, juntamente com os seus ocupantes; no distrito de Auschwitz agiram de maneira diversa: ordens superiores (ao que parece ditadas pessoalmente por Hitler) impunham a "recuperação", a qualquer preço, de todos os homens aptos para o trabalho. Por isso, todos os prisioneiros sadios foram retirados, em condições assombrosas, para Buchenwald e Mauthausen, enquanto os doentes foram abandonados à própria sorte. A partir de vários indícios, é lícito deduzir a intenção primeira alemã de não deixar nos campos de concentração nenhum homem vivo; mas um violento ataque aéreo noturno e a rapidez da investida russa induziram os alemães a mudar de ideia, e a bater em retirada, deixando inacabados o próprio dever e a própria guerra.

Na enfermaria do Lager de Buna-Monowitz chegávamos a oitocentos. Destes, cerca de quinhentos morreram das próprias doenças, do frio e da fome, antes que chegassem os russos, e outros duzentos, apesar dos socorros, nos dias imediatamente sucessivos.

A primeira patrulha russa pôde ser vista do campo por volta de meio-dia de 27 de janeiro de 1945. Charles e eu fomos os primeiros a avistá-la: estávamos transportando para a vala comum o corpo de Sómogyi, o primeiro morto dentre os nossos companheiros de quarto. Reviramos a padiola na neve infecta, pois a vala já estava cheia, e outra sepultura não era possível: Charles tirou o boné, para saudar os vivos e os mortos.

Eram quatro jovens soldados a cavalo, que agiam cautelosos, com as metralhadoras embraçadas, ao longo da estrada que demarcava os limites do campo. Quando chegaram ao arame farpado, detiveram-se, trocando palavras breves e tímidas, lançando olhares trespassados por um estranho embaraço, para observar os cadáveres decompostos, os barracões arruinados, e os poucos vivos.

Pareciam-nos admiravelmente corpóreos e reais, suspensos (a estrada era mais alta do que o campo) em seus enormes cavalos, entre o cinza da neve e o cinza do céu, imóveis sob as rajadas do vento úmido que ameaçava o degelo.

Parecia-nos, e assim era, que o nada atravessado de morte, no qual vagávamos fazia dez dias como astros esbatidos, tinha encontrado o seu próprio centro sólido, um núcleo de condensação: quatro homens armados, mas não armados contra nós; quatro mensageiros da paz, de rostos rudes e pueris sob os pesados capacetes de pelo.

Não acenavam, não sorriam; pareciam sufocados, não somente por piedade, mas por uma confusa reserva, que selava as suas bocas e subjugava os seus olhos ante o cenário funesto. Era a mesma vergonha conhecida por nós, a que nos esmagava após as seleções, e todas as vezes que devíamos assistir a um ultraje ou suportá-la: a vergonha que os alemães não conheceram, aquela que o justo experimenta ante a culpa cometida por outrem, e se aflige que persista, que tenha sido introduzida irrevogavelmente no mundo das coisas que existem, e que a sua boa vontade tenha sido nula ou escassa, e não lhe tenha servido de defesa.

Assim, a hora da liberdade soou grave e acachapante, e inundou, a um só tempo, as nossas almas de felicidade e doloroso sentimento de pudor, razão pela qual quiséramos lavar nossas consciências e nossas memórias da sujeira que as habitava; e de sofrimento, pois sentíamos que isso já não podia acontecer, e que nada mais poderia acontecer de tão puro e bom para apagar o nosso passado, e que os sinais da ofensa permaneceriam em nós para sempre, nas recordações de quem a tudo assistiu, e nos lugares onde ocorreu, e nas histórias que iríamos contar. Porque, e este é o tremendo privilégio de nossa geração e do meu povo, ninguém pôde mais do que nós acolher a natureza insanável da ofensa, que se espalha como um contágio. É absurdo pensar que a justiça humana possa extingui-la. Ela é uma inexaurível fonte do mal: quebra o corpo e a alma dos esmagados, os destrói e os torna abjetos; recai como infâmia sobre os opressores, perpetua-se como ódio nos sobreviventes, e pulula de mil maneiras, contra a própria vontade de todos, como sede de vingança, como desmoronamento moral, como negação, como fadiga, como renúncia.

Tais coisas, mal diferenciadas então, e percebidas pela maioria somente como uma repentina onda de fadiga mortal, acompanharam a nossa alegria pela libertação. Por isso, poucos dentre nós correram ao encontro dos salvadores, poucos caíram em oração. Charles e eu permanecíamos de pé, junto à fossa, com os membros lívidos, enquanto outros punham abaixo o arame farpado; depois tornamos a entrar com a padiola vazia, levando a notícia aos companheiros.

Durante todo o resto do dia nada ocorreu, coisa que não nos surpreendera, uma vez que estávamos fazia tempo acostumados com isso. No quarto, o beliche do falecido Somógyi foi de pronto ocupado pelo velho Thylle, com visível nojo de meus dois companheiros franceses.

Thylle, pelo que eu sabia então, era um "triângulo vermelho", um prisioneiro político alemão, e era um dos velhos do Lager; como tal, pertencera de direito à aristocracia do campo: não fizera trabalhos braçais (pelo menos nos últimos anos) e recebera alimentos e roupas de sua casa. Por essas mesmas razões, os "políticos" alemães eram raramente hóspedes da enfermaria, onde desfrutavam de diversos privilégios: primeiramente, o de fugir das seleções. Pois, no momento da libertação, ele era o único, fora nomeado pelos SS que fugiam para o cargo de chefe do barracão do Bloco 20, de que faziam parte, além do nosso círculo de doentes altamente infectados, a Seção TBC e a Seção Disenteria.

Sendo alemão, levara muito a sério essa precária nomeação. Durante os dez dias que separaram a saída dos SS da chegada dos russos, enquanto todos combatiam a última batalha contra a fome, o gelo e a doença, Thylle fizera diligentes inspeções em seu novíssimo feudo, verificando o estado do chão e das tigelas e o número das cobertas (uma para cada hóspede, vivo ou morto). Numa de suas visitas ao nosso quarto, elogiara Arthur, em virtude da ordem e da limpeza que soubera manter. Arthur, que não compreendia o alemão, e muito menos o dialeto saxão de Thylle, respondera-lhe "vieux dégoûtant" e "putain de boche"; apesar disso Thylle, daquele dia em diante, com evidente abuso de autoridade, adquirira o hábito de vir todas as noites ao nosso quarto para se servir da confortável privada: era a única, em todo o campo, com a qual tomávamos regularmente todos os cuidados, e a única situada nas proximidades de um aquecedor.

Até aquele dia, o velho Thylle fora um estranho para mim e, portanto, um inimigo; além disso, alguém do poder, e, portanto, um inimigo perigoso. Para as pessoas como eu, vale dizer, para a generalidade do Lager, outras nuances não havia: durante todo o longuíssimo ano transcorrido no Lager, eu jamais tivera a curiosidade ou a oportunidade de indagar a respeito das complexas estruturas da hierarquia do campo. O tenebroso edifício de potências terríveis continuava totalmente acima de nós, e o nosso olhar se dirigia para o solo. Entretanto, foi esse mesmo Thylle, velho militar endurecido por cem lutas pelo seu partido, e dentro de seu partido, e petrificado pelos dez anos de vida feroz e ambígua no Lager, o companheiro e o confidente de minha primeira noite de liberdade.

Durante todo o dia, tivemos muito que fazer para encontrar tempo de comentar o acontecimento, que sentíamos realmente marcar o ponto crucial de toda a nossa existência; e talvez, inconscientemente, inventávamos o que fazer, justamente com o objetivo de não ter tempo, pois diante da liberdade nos sentíamos confusos, esvaziados, atrofiados, inadaptados.

Mas veio a noite: os companheiros adoentados adormeceram, adormeceram também Charles e Arthur com o sono da inocência, pois estavam no Lager havia um mês, e ainda não tinham sorvido o veneno: eu, sozinho, embora exausto, não encontrava o sono, por causa do esgotamento da doença. Doíam-me todos os membros, o sangue pulsava convulsivamente no crânio, e eu me sentia invadir pela febre. Mas não era apenas isso: como se um dique houvesse desmoronado, logo quando as ameaças pareciam desaparecer, quando a esperança de voltar à vida deixava de ser considerada absurda, eu me encontrava subjugado por uma dor nova e mais vasta, antes sepultada e relegada às fronteiras da consciência, por outras dores mais urgentes: a dor do exílio, da casa distante, da solidão, dos amigos perdidos, da juventude perdida, e da multidão de cadáveres nas proximidades.

No meu ano de Buna, vira desaparecer quatro quintos de meus companheiros, mas jamais sofrera a presença concreta, o assédio da morte, o seu hálito sórdido, a poucos passos, fora da janela, no beliche ao lado, nas minhas próprias veias. Permanecia deitado numa sonolência enferma e atravessada de pensamentos funestos.

Mas dei-me logo conta de que alguém mais estava acordado. À respiração pesada dos que dormiam, sobrepunha-se, de quando em quando, um arquejo rouco e irregular cortado por acessos de tosse e por gemidos e suspiros sufocados. Thylle chorava, um doloroso e desavergonhado choro de velho, insuportável como a nudez senil. Percebeu, no escuro, talvez, algum movimento que eu fizera; e a solidão, que até aquele dia, ambos, por diversas razões, havíamos buscado, devia pesar-lhe quanto pesava para mim, porque no meio da noite me perguntou: "Você está acordado?", e sem esperar a resposta subiu com grande dificuldade ao meu beliche e, de modo autoritário, sentou-se do meu lado.

Não era fácil compreendê-lo; não apenas por razões de linguagem, mas também porque os pensamentos que habitavam o meu peito naquela noite longa eram desmedidos, maravilhosos e terríveis, mas sobretudo confusos. Disse-lhe estar sofrendo de saudade; e ele, que deixara de chorar, "dez anos", me disse, "dez anos!": e após dez anos de silêncio, com um fio de voz estridente, grotesco e solene a um só tempo, começou a cantar a *Internacional*, deixando-me atônito, desconfiado e comovido.

A manhã seguinte trouxe para nós os primeiros sinais de liberdade. Chegaram (evidentemente mandados pelos russos) uns vinte civis poloneses, homens e mulheres, os quais com pouquíssimo entusiasmo começaram a trabalhar para pôr ordem e limpeza entre as barracas e remover os cadáveres. Por volta do meio-dia, chegou um menino assustado, que arrastava uma vaca pelo cabresto; deu-nos a entender que era para nós, e que a mandavam os russos, abandonando, em seguida, o animal, e fugindo como um raio. Não saberia dizer como o pobre animal foi abatido em poucos minutos, estripado, esquartejado, e os seus restos dispersos por todos os recessos do campo, onde se alojavam os sobreviventes.

A partir do dia seguinte, vimos vagando pelo campo outras meninas polonesas, pálidas de piedade e nojo: limpavam os doentes e cuidavam das chagas da melhor maneira possível. Acenderam no centro do campo uma enorme fogueira, alimentada com os restos dos barracões destruídos, onde cozinhavam a sopa em recipientes improvisados. Finalmente, no terceiro dia, vimos entrar no campo uma carroça de quatro rodas, guiada festivamente por Yankel, um *Häftling* [prisioneiro]: era um jovem judeu russo, talvez o único russo entre os sobreviventes, e, como tal, fazia naturalmente as vezes de intérprete e de oficial de ligação com os comandos soviéticos. Entre sonoras chicotadas, anunciou que estava encarregado de trazer ao Lager central de Auschwitz, transformado agora num imenso lazareto, todos os vivos entre nós, em pequenos grupos de trinta a quarenta por dia, a começar pelos doentes mais graves.

Ocorrera, entretanto, o degelo, temido fazia vários dias, e à medida que a neve ia desaparecendo, o campo transformava-se num charco esquálido. Os cadáveres e as imundícies tornavam irrespirável o ar nevoento e delicado. Nem a morte cessara de ceifar vidas: os doentes morriam às dezenas em seus frios beliches; e morriam aqui e acolá pelas estradas lamacentas, como fulminados, os sobreviventes mais gulosos, os quais, seguindo cegamente o comando imperioso de nossa antiga fome, haviam se empanturrado das rações de carne que os russos, ainda ocupados em combates no front, faziam irregularmente chegar ao campo: às vezes pouco, às vezes nada, às vezes em desmedida abundância.

Mas de tudo quanto ocorria ao meu redor eu só me dava conta de maneira vaga e intermitente. Parecia que o cansaço e a doença, como animais ferozes e vis, tivessem esperado, escondidos, o momento em que eu me despia de todas as defesas, para me atacarem pelas costas. Eu continuava deitado, num torpor febril, semiconsciente, assistido fraternalmente por Charles, e atormentado pela sede e pelas dores agudas nas articulações. Não havia médicos nem remédios. Também sentia dor de garganta, e metade do rosto estava inchado: a pele tornara-se vermelha e áspera, e ardia como se queimasse; era possível que estivesse sofrendo de várias doenças ao mesmo tempo. Quando chegou a minha vez de subir à carroça de Yankel, já não conseguia manter-me de pé.

Fui içado à carroça por Charles e Arthur, junto com uma carga de moribundos, de quem eu não me sentia muito diferente. Chuviscava, e o céu estava baixo e fosco. Enquanto o lento passo dos cavalos de Yankel me conduzia para a tão distante liberdade, desfilavam pela última vez sob os meus olhos os barracões, onde eu sofrera e amadurecera, a praça da convocação, onde ainda se erguiam, lado a lado, a forca e uma gigantesca árvore de Natal, e a porta da escravidão, na qual, agora inúteis, liam-se ainda as três palavras de escárnio: *"Arbeit macht frei"*, "Só o trabalho liberta".

O CAMPO MAIOR

EM BUNA NÃO SABÍAMOS MUITO a respeito do "Campo Maior", de Auschwitz propriamente dito: os Häftlinge transferidos de um campo para outro eram poucos, nada loquazes (nenhum Häftling o era), nem facilmente levados em conta.

Quando a carroça de Yankel ultrapassou a famosa soleira, ficamos atônitos. Buna-Monowitz, com seus doze mil habitantes, era, em comparação, uma aldeia. Nada de "Blocks" de madeira de um andar, mas inumeráveis edifícios tétricos e quadrados, de tijolo, de três andares, todos iguais; entre eles passavam estradas pavimentadas, retilíneas e perpendiculares, a perder de vista. Tudo o mais era deserto silencioso, esmagado sob o céu baixo, repleto de lama, chuva e abandono.

Também aqui, como a cada mudança de nosso tão longo itinerário, fomos surpreendidos com um banho quente, enquanto precisávamos de muitas outras coisas. Mas aquele banho não foi um banho de humilhação, um banho grotesco-demoníaco-sacral, um banho de missa negra, como o que havia marcado a nossa descida ao universo do campo de concentração, e tampouco foi um banho funcional, antisséptico, altamente técnico, como aquele quando passamos, muitos meses depois, à esfera dos americanos. Um banho à maneira russa, em escala humana, extemporâneo e aproximador.

Não pretendo pôr em dúvida que o banho para nós, e naquelas condições fosse oportuno: era necessário e bem-vindo. Mas era fácil reconhecer no banho, e em cada um daqueles memoráveis lavacros, por detrás do aspecto concreto e literal, uma grande sombra simbólica, o desejo inconsciente, por parte da nova autoridade, que aos poucos nos absorvia em sua esfera, de nos despojar dos vestígios de nossa vida anterior, de fazer de nós homens novos, segundo seus modelos, impondo a sua marca.

Os braços robustos de duas enfermeiras soviéticas depuseram-nos da carroça: "Po málu, po málu!" ("Devagar, devagar!"); foram as primeiras palavras russas que ouvi. Eram duas moças enérgicas e experientes. Levaram-nos para uma das construções do Lager, que foram sumariamente reordenadas, embora de maneira eficaz; tiraram as nossas roupas, fizeram um sinal para que nos deitássemos nas treliças de madeira que cobriam o chão e, com mãos piedosas, mas sem cerimônia, nos ensaboaram, esfregaram, massagearam e nos enxugaram da cabeça aos pés.

A operação prosseguiu rápida e direta com todos, apesar de alguns protestos moralístico-jacobinos de Arthur, que se proclamava "libre citoyen", em cujo subconsciente o contato daquelas mãos femininas em sua pele entrava em conflito com tabus ancestrais. Houve, contudo, uma grave dificuldade quando chegou a vez do último do grupo.

Nenhum de nós sabia quem ele era, porque não estava em condições de falar. Era um fantasma, um homenzinho calvo, nodoso como uma parreira, esquelético, embrulhado por uma horrível contratura de todos os músculos: haviam-no tirado do vagão, como um bloco inanimado, e agora jazia no chão sobre um flanco, enrascado e rígido, numa desesperada posição de defesa, com os joelhos espremidos contra o rosto, os cotovelos colados nos flancos, e as mãos em cunha com os dedos apontados contra as costas. As enfermeiras russas, perplexas, buscaram em vão esticá-lo sobre o dorso, ao que ele emitiu gritos agudos como os de um rato: de resto, era fadiga inútil; seus membros cediam elasticamente sob a pressão, mas, tão logo abandonados, estalavam para trás, assumindo a posição inicial. Tomaram a decisão de levá-lo para a ducha do jeito que se encontrava: e, como tivessem ordens precisas, lavaram-no da melhor maneira, forçando a esponja e o sabão no emaranhado lenhoso daquele corpo; por fim, tiraram o sabão conscienciosamente, despejando em cima dele umas duas bacias de água morna.

Charles e eu, nus e com frio, assistíamos à cena com horror. Enquanto um dos braços era esticado, viu-se por um instante o número tatuado — era um 200 000, um dos Vosges. "Bon dieu, c' est un français!", fez Charles, e voltou-se, em silêncio, para o muro.

Deram-nos camisas e cuecas, e levaram-nos ao barbeiro russo para que, pela última vez em nossa carreira, nossos cabelos fossem cortados a zero. O barbeiro era um gigante moreno, de olhos selvagens e endemoniados: exercia sua arte com impensada violência e, por razões por mim ignoradas, trazia a metralhadora às costas. "Italiano Mussolini", disse-me de soslaio, e aos dois franceses: "Francé Laval"; onde se vê como podem ser de pouco auxílio as ideias gerais para a compreensão dos casos singulares.

Aqui nos separamos: Charles e Arthur, recuperada a saúde e com relativo bom aspecto, voltaram a fazer parte do grupo dos franceses, e desapareceram de meu horizonte. Doente, fui levado à enfermaria, visitado sumariamente, e enviado com urgência a uma nova Seção Infecciosos.

Nas intenções, aquela devia ser uma enfermaria, e além disso porque efetivamente fervilhava de enfermos (com efeito, os alemães, na fuga, deixaram em Monowitz, Auschwitz e Birkenau apenas os doentes mais graves, os quais foram reunidos pelos russos no Campo Grande): não era, nem podia ser, um lugar de tratamento porque os médicos, na maior parte também doentes, eram poucas dezenas, os remédios e o material sanitário inexistentes, enquanto precisavam de tratamento três quartos dos cinco mil hóspedes do campo.

O lugar que me foi designado era um quarto enorme e escuro, cheio até o teto de sofrimentos e lamúrias. Para uns oitocentos doentes, havia apenas um médico de plantão, e nenhum enfermeiro: eram os próprios doentes que deviam responder às suas necessidades mais urgentes, e àquelas de seus companheiros mais graves. Passei lá uma só noite, que recordo como um pesadelo; de manhã, contavam-se às dúzias os cadáveres nos beliches ou espalhados no chão.

No dia seguinte fui transferido para um lugar ainda menor, que continha apenas vinte beliches: num deles permaneci deitado por três ou quatro dias, sufocado por uma febre altíssima, consciente de tempos em tempos, incapaz de comer, e atormentado por uma sede atroz.

No quinto dia a febre desaparecera: sentia-me leve como uma nuvem, esfomeado e gelado, mas a minha cabeça estava livre, os olhos e os ouvidos apurados pelas férias forçadas, e já estava pronto para retomar contato com o mundo.

No curso daqueles poucos dias, verificara-se ao meu redor uma visível mudança. Fora o último grande golpe de foice, o fechamento das contas: os moribundos estavam todos mortos, enquanto nos outros a vida recomeçava a fluir tumultuosamente. Fora dos vidros, ainda que nevasse bastante, os funestos caminhos do Campo não estavam mais desertos, pululavam num ir e vir álacre, confuso e rumoroso, que parecia ser um fim em si mesmo. Até tarde da noite ouviam-se ressoar gritos alegres ou iracundos, apelos, canções. Não obstante a minha atenção, e aquela dos meus vizinhos de leito, raramente conseguia evitar a presença obsessiva, a força mortal de afirmação do menor e do mais inerme dentre nós, do mais inocente, de um menino, de Hurbinek.

Hurbinek era um nada, um filho da morte, um filho de Auschwitz. Aparentava três anos aproximadamente, ninguém sabia nada a seu respeito, não sabia falar e não tinha nome: aquele curioso nome, Hurbinek, fora-lhe atribuído por nós, talvez por uma das mulheres, que interpretara com aquelas sílabas uma das vozes inarticuladas que o pequeno emitia, de quando em quando. Estava paralisado dos rins para baixo, e tinha as pernas atrofiadas, tão adelgaçadas como gravetos; mas os seus olhos, perdidos no rosto pálido e triangular, dardejavam terrivelmente vivos, cheios de busca de asserção, de vontade de libertar-se, de romper a tumba do mutismo. As palavras que lhe faltavam, que ninguém se preocupava de ensinar-lhe, a necessidade da palavra, tudo isso comprimia seu olhar com urgência explosiva: era um olhar ao mesmo tempo selvagem e humano, aliás, maduro e judicante, que ninguém podia suportar, tão carregado de força e de tormento.

Ninguém, salvo Henek: era meu vizinho de cama, um robusto e vigoroso rapaz húngaro de quinze anos. Henek passava metade de seus dias junto do catre de Hurbinek. Era maternal mais do que paternal: é bastante provável que, se aquela nossa precária convivência tivesse continuado por mais de um mês, Hurbinek aprenderia a falar com Henek; certamente mais do que com as meninas polonesas, demasiado doces e demasiado fúteis, que o embriagavam de carícias e de beijos, mas evitavam-lhe a intimidade.

Henek, ao contrário, tranquilo e obstinado, sentava-se junto à pequena esfinge, imune à autoridade triste que dela emanava; levava-lhe a comida, ajustava-lhe as cobertas, limpava-o com mãos habilidosas, desprovidas de repugnância; e falava-lhe, naturalmente, em húngaro, com voz lenta e paciente. Após uma semana, Henek anunciou com seriedade, mas sem sombra de presunção, que Hurbinek "dizia uma palavra". Que palavra? Não sabia, uma palavra difícil, não húngara: alguma coisa como *mass-klo, matisklo*. De noite ficávamos de ouvidos bem abertos: era verdade, do canto de Hurbinek vinha de quando em quando um som, uma palavra. Não sempre exatamente a mesma, para dizer a verdade, mas era certamente uma palavra articulada; ou melhor, palavras articuladas ligeiramente diversas, variações experimentais sobre um tema, uma raiz, sobre um nome talvez.

Hurbinek continuou, enquanto viveu, as suas experiências obstinadas. Nos dias seguintes, todos nós o ouvíamos em silêncio, ansiosos por entendê-lo, e havia entre nós falantes de todas as línguas da Europa: mas a palavra de Hurbinek permaneceu secreta. Não, não devia ser uma mensagem, tampouco uma revelação: era talvez o seu nome, se tivesse tido a sorte de ter um nome; talvez (segundo uma de nossas hipóteses) quisesse dizer "comer" ou "pão"; ou talvez "carne" em boêmio, como sustentava, com bons argumentos, um dos nossos, que conhecia essa língua.

Hurbinek, que tinha três anos e que nascera talvez em Auschwitz e que não vira jamais uma árvore; Hurbinek, que combatera como um homem, até o último suspiro, para conquistar a entrada no mundo dos homens, do qual uma força bestial o teria impedido; Hurbinek, o que não tinha nome, cujo minúsculo antebraço fora marcado mesmo assim pela tatuagem de Auschwitz; Hurbinek morreu nos primeiros dias de março de 1945, liberto mas não redimido. Nada resta dele: seu testemunho se dá por meio de minhas palavras.

Henek era um bom companheiro, e uma perpétua fonte de surpresa. O seu nome também, como aquele de Hurbinek, era convencional: seu nome verdadeiro, König, fora alterado para Henek, diminutivo polonês de Henrique, pelas duas meninas polonesas, as quais, embora mais velhas do que ele, pelo menos dez anos, sentiram por Henek uma simpatia ambígua que logo se transformou num desejo aberto.

Henek-König, único em nosso microcosmo de sofrimento, não estava doente nem convalescente, gozava, aliás, de uma esplêndida saúde do corpo e do espírito. Era de baixa estatura e de aspecto doce, mas tinha musculatura de atleta; afetuoso e serviçal com Hurbinek e conosco, guardava, todavia, instintos pacatamente sanguinários. O Lager, armadilha mortal, "moinho de ossos" para os outros, fora para ele uma boa escola: em poucos meses fizera dele um jovem carnívoro pronto, rapaz, feroz e prudente.

Nas longas horas que passamos juntos, narrou-me o essencial de sua vida breve. Nascera e morara numa fazenda, na Transilvânia, em meio ao bosque, junto à fronteira romena. Caminhava frequentemente com o pai pelo bosque no domingo, ambos com o fuzil. Por que com o fuzil? Para caçar? Sim, também para caçar; mas também para disparar contra os romenos. E por que disparar contra os romenos? Porque são romenos, explicou-me Henek, com simplicidade desarmante. Eles também, de vez em quando, disparavam contra nós.

Fora capturado e deportado para Auschwitz com toda a família. Os outros foram imediatamente assassinados: ele dissera às SS que tinha dezoito anos e que era pedreiro, enquanto na verdade tinha catorze e era estudante. Assim entrara em Birkenau: mas em Birkenau insistira sobre sua verdadeira idade e fora destinado ao Bloco das crianças; sendo mais velho e mais robusto, tornara-se *Kapo* [prisioneiro supervisor]. As crianças eram em Birkenau como aves de arribação: passados alguns dias, foram transferidos ao Bloco das experiências, ou diretamente às câmaras de gás. Henek compreendera de pronto a situação, e como bom Kapo organizara-se. Estabelecera sólidas relações com um influente Häftling húngaro e permanecera até a libertação. Quando havia seleção no Bloco das crianças, era ele quem escolhia. Não sentia remorso? Não: por que sentir? Acaso havia outra maneira para sobreviver?

Quando da desocupação do Lager, sabiamente se escondera: de seu esconderijo, através da janelinha de uma adega, vira os alemães limpando às pressas os fabulosos armazéns de Auschwitz, e notara como, na confusão da partida, tinham deixado cair pelo caminho boa quantidade de alimentos em lata. Não se demoraram a recuperá-los, mas procuraram destruí-los passando por cima deles com as correias de seus blindados. Muitas latas ficaram pregadas na lama e na neve, e sem se quebrar: de noite, Henek saíra com um saco e reunira um fantástico tesouro de latas, deformadas, achatadas, mas ainda cheias: carne, porco, peixe, frutas, vitaminas. Não o dissera a ninguém, naturalmente: falara comigo porque eu era seu vizinho de cama e podia ser-lhe útil como vigilante. Com efeito, visto que Henek passava muitas horas a caminhar pelo Lager, em misteriosas tarefas, enquanto eu ficara na impossibilidade de me mover, minha custódia foi-lhe bastante útil. Tinha confiança em mim: depôs o saco debaixo de minha cama, e nos dias seguintes correspondeu-me com uma justa recompensa em gêneros, autorizando-me a tirar proveito daquelas ações de conforto, que considerava apropriadas, em qualidade e quantidade, à minha condição de doente e à medida de meus serviços.

* * *

Hurbinek não era o único menino. Havia outros em condições de saúde relativamente boas: constituíram uma espécie de pequeno clube, muito fechado e reservado, no qual a intrusão dos adultos era visivelmente importuna. Eram pequenos animais selvagens e sensatos, que se entretinham entre eles em línguas que eu não compreendia. O membro mais influente do clã não tinha mais do que cinco anos, e se chamava Peter Pavel.

Peter Pavel não falava com ninguém e não tinha necessidade de ninguém. Era um belo menino louro e robusto, de rosto inteligente e impassível. De manhã descia de seu beliche, que se encontrava no terceiro andar, com movimentos lentos mas seguros, ia às duchas para encher de água a sua tigela, lavando-se meticulosamente. Desaparecia o dia inteiro, fazendo apenas uma breve aparição ao meio-dia para receber a sopa naquela sua tigela. Aparecia, enfim, para o jantar; comia, saía, e entrava, pouco depois, com um penico; colocava-o num canto atrás do fogão, sentava-se por algum tempo, saía novamente com o penico, voltava sem ele, subia devagarinho ao seu lugar, arrumava com o maior cuidado as cobertas e o travesseiro, e dormia até a manhã sem mudar de posição.

Poucos dias depois da minha chegada, vi com grande incômodo aparecer um rosto conhecido; o perfil patético e desagradável do Kleine Kiepura, o mascote de Buna-Monowitz. Todos o conheciam: era o mais jovem dos prisioneiros, não tinha mais que doze anos. Tudo nele era irregular, a começar pela sua própria presença no Lager, onde normalmente as crianças não entravam vivas: ninguém sabia como nem por que fora admitido, e ao mesmo tempo todos sabiam até bem demais. Irregular era a sua condição, pois não marchava para o trabalho, mas permanecia em semiclausura no Bloco dos funcionários; vistosamente irregular, enfim, o seu aspecto.

Crescera excessivamente e mal: do busto atarracado e curto despontavam os braços e as pernas demasiadamente longas, como uma aranha; e na parte de baixo do rosto pálido, de traços não desprovidos de graça infantil, saltava para a frente uma imensa mandíbula, mais proeminente que o nariz. O Kleine Kiepura era o anspeçada e o protegido do Lager-Kapo, o Kapo de todos os Kapos.

Ninguém o amava, exceto o seu protetor. À sombra da autoridade, bem nutrido e vestido, dispensado do trabalho, levara até o último dia uma existência ambígua e insignificante de apaniguado, cheia de mexericos, delações e afetos ilícitos: seu nome, erroneamente, como acredito, vinha sempre sussurrado nos casos mais clamorosos de denúncias anônimas na Seção Política e nas SS. Por isso todos o temiam e o evitavam.

Agora o Lager-Kapo, destituído de todos os seus poderes, marchava para o Ocidente, e o Kleine Kiepura, convalescente de uma leve doença, seguira o nosso destino. Teve uma cama e uma tigela, e inseriu-se em nosso limbo. Henek e eu dirigíamos poucas e prudentes palavras, pois sentíamos em relação a ele desconfiança e uma piedade hostil; mas quase não nos respondia. Permaneceu mudo por dois dias: ficava todo encolhido no beliche, com o olhar fixando o vazio e os punhos fechados sobre o peito. Depois começou a falar de repente, e lamentamos o seu silêncio. O Kleine Kiepura falava sozinho, como num sonho: e o seu sonho era ter feito carreira, ter se transformado num Kapo. Não compreendíamos se aquela era uma loucura ou um jogo pueril e sinistro: sem trégua, do alto de seu beliche junto ao teto, o menino cantava e assobiava as marchas de Buna, os ritmos brutais que escandiam nossos passos cansados todas as manhãs e todas as noites; e vociferava em alemão imperiosos comandos para uma tropa de escravos inexistentes.

"Levantem, porcos, entenderam? Arrumem as camas, rápido: limpem os sapatos. Todos em fila, verificação dos piolhos, verificação dos pés. Mostrem os pés, seus inúteis! Sujo outra vez, saco de m...: preste atenção, não estou brincando. Se pego você outra vez, você vai para o crematório." Depois, gritando à maneira dos militares alemães: "Em fila, cobertos, alinhados. Gola para baixo: em marcha, com a música. As mãos sobre a costura das calças". E depois ainda, após uma pausa, com voz arrogante e estrídula: "Este não é um sanatório. Este é um Lager alemão, chama-se Auschwitz, e daqui ninguém sai senão pela chaminé. Se quiser é assim; se não quiser, vá tocar o fio elétrico.".

O Kleine Kiepura desapareceu dias depois, para alívio de todos. Entre nós, cansados e doentes, mas cheios da alegria tímida e trépida da liberdade reencontrada, a sua presença ofendia como um cadáver, e a compaixão que ele suscitava era transida de horror. Tentamos, em vão, arrancá-lo de seu delírio: a infecção do Lager fizera nele grande progresso.

As duas meninas polonesas, que desempenhavam (na realidade muito mal) as suas funções de enfermeira, chamavam-se Hanka e Jadzia. Hanka era uma ex-Kapo, como se podia deduzir de sua cabeleira não raspada, e também dos seus modos insolentes. Não devia ter mais de vinte e quatro anos: era de estatura mediana, tez olivácea, traços duros e vulgares. Naquela atmosfera de purgatório, cheia de sofrimentos passados e presentes, esperanças e piedades, passava os dias diante do espelho, ou a lixar as unhas das mãos e dos pés, ou a pavonear-se diante do indiferente e irônico Henek.

Era, ou se considerava, de grau mais alto do que Jadzia; mas, na verdade, bastava bem pouco para superar em autoridade uma criatura tão humilde. Jadzia era uma menina pequena e tímida, de colorido róseo-doente, mas o seu invólucro de carne anêmica era atormentado, lacerado por dentro, perturbado por uma secreta e contínua tempestade. Precisava, queria, tinha a necessidade urgente de um homem, de um homem qualquer, logo de todos os homens. Todo homem que passava pelo seu campo a atraía: a atraía materialmente, pesadamente, como o ímã atrai o ferro. Jadzia fixava-o com olhos encantados e atônitos, levantava-se do seu canto, caminhava para ele com passo incerto de sonâmbula, e buscava o contato; se o homem se afastasse seguia-o à distância, em silêncio, por alguns metros e depois, com olhos baixos, voltava à sua inércia; se o homem esperava, Jadzia o envolvia, o incorporava, tomava posse, com os movimentos cegos, mudos, trêmulos, lentos, mas seguros, que as amebas revelam sob o microscópio.

O seu objetivo primeiro e principal era naturalmente Henek: mas Henek não a queria, zombava dela e a insultava. Todavia, menino prático que era, não se desinteressara do caso, e o dissera a Noah, seu grande amigo.

Noah não morava em nosso quarto, aliás, não morava em lugar algum e morava em todos os lugares. Era um homem nômade e livre, feliz do ar que respirava e da terra que pisava. Era o Scheissminister de Auschwitz livre, o ministro das latrinas e fossas negras: mas, apesar desse encargo de coveiro, que ele aceitara voluntariamente, não havia nada de torpe nele, ou se algo havia, fora superado e apagado pelo ímpeto de seu vigor vital. Noah era um jovem Pantagruel, forte como um cavalo, voraz e grosseiro. Assim como Jadzia queria todos os homens, Noah também queria todas as mulheres: mas enquanto a delicada Jadzia se limitava a lançar a seu redor suas redes inconsistentes, como um molusco nas pedras, Noah, pássaro de alto voo, cruzava do amanhecer até a noite todas as ruas do Campo, em sua carroça repugnante, estalando o chicote e cantando a plenos pulmões: a carroça parava na porta de cada Block, e enquanto seus gregários, nojentos e fétidos, apressavam, praguejando, suas imundas necessidades, Noah passeava pelos quartos femininos como um príncipe do Oriente, vestido com um casaco arabescado e matizado, cheio de remendos e botões. Seus encontros amorosos pareciam furacões. Era o amigo de todos os homens e o amante de todas as mulheres. O dilúvio terminara; no céu negro de Auschwitz, Noah via resplandecer o arco-íris, e o mundo era todo seu, para ser repovoado.

Frau Vitta, aliás, frau Vida, como todos a chamavam, amava ao contrário todos os seres humanos com um amor simples e fraterno. Frau Vida, de corpo desfeito e de doce rosto claro, era uma jovem viúva de Trieste, meio judia, sobrevivente de Birkenau. Passava muitas horas junto ao meu leito, falava de mil coisas ao mesmo tempo com a dispersão triestina, rindo e chorando: tinha boa saúde, mas ferida profundamente, ulcerada por quanto sofrera e vira durante um ano de Lager, e naqueles últimos dias terríveis. De fato, fora destinada ao transporte dos cadáveres, dos pedaços de cadáveres, dos miseráveis despojos anônimos, e aquelas derradeiras imagens pesavam-lhe por dentro como uma montanha: buscava exorcizá-las, lavando-se, mergulhando numa atividade tumultuada. Era ela a única pessoa que se ocupava dos doentes e dos meninos; fazia-o com piedade frenética, e quando lhe sobrava tempo lavava o chão e os vidros com fúria selvagem, enxaguava fragorosamente as tigelas e os copos, corria pelos quartos levando mensagens verdadeiras ou fictícias; voltava depois, ofegante, e sentava-se no meu beliche; com os olhos úmidos, esfomeada de palavras, de confiança, de calor humano. De noite, quando todos os trabalhos do dia terminavam, incapaz de resistir à solidão, saltava de repente de sua enxerga e dançava sozinha de uma cama para outra, ao som de suas próprias canções, apertando afetuosamente ao peito um homem imaginário.

Foi frau Vida quem fechou os olhos de André e de Antoine. Eram dois jovens camponeses dos Vosges, ambos meus companheiros dos dez dias de interregno, ambos atacados pela difteria. Parecia-me conhecê-los havia séculos. Com estranho paralelismo, foram atingidos simultaneamente por uma forma disentérica, que logo se revelou gravíssima, de origem tuberculosa; e em poucos dias a balança de seus destinos começou a pender. Encontravam-se em duas camas próximas, não se queixavam de nada, suportavam as cólicas atrozes com os dentes cerrados, sem compreender a natureza mortal; falavam apenas entre si, timidamente, e não pediam socorro a ninguém. André foi o primeiro a partir, na metade de uma frase, enquanto falava, como se apaga uma vela. Durante dois dias ninguém veio removê-los: os meninos olhavam-no com curiosidade confusa, depois continuaram a brincar no seu canto.

Antoine permaneceu silencioso e só, encerrado por completo numa espera que o transfigurava. Seu estado de nutrição era discreto, mas, por dois dias, sofreu uma metamorfose destruidora, como que absorvido pelo vizinho. Junto com frau Vida conseguimos, após muitas tentativas vãs, fazer vir um doutor: perguntei-lhe, em alemão, se havia algo a ser feito, se havia esperanças, e pedi-lhe que não respondesse em francês. Respondeu-me em ídiche, com uma frase breve que não compreendi: então traduziu em alemão: "Sein Kamerad ruft ihn", "O seu companheiro o chama". Antoine obedeceu ao chamado naquela mesma noite. Não tinham sequer vinte anos, e ficaram no Lager apenas um mês.

E veio finalmente Olga, numa noite cheia de silêncio, trazer-me a notícia funesta do campo de Birkenau, e do destino das mulheres transportadas comigo para o campo de concentração. Eu a esperava fazia alguns dias: não a conhecia pessoalmente, mas frau Vida, que apesar das proibições sanitárias frequentava também os doentes de outras seções, à procura de sofrimentos para serem aliviados e colóquios apaixonados, informara-nos das respectivas presenças e organizara o encontro ilícito em plena noite, enquanto todos dormiam.

Olga era uma antifascista judaico-croata que se refugiara em 1942 na região de Asti com a sua família, onde fora internada; pertencia, pois, àquela onda de vários milhares de judeus estrangeiros que haviam encontrado hospitalidade, e breve paz, na Itália paradoxal daqueles anos, oficialmente antissemita. Mulher de grande inteligência e cultura, forte, bela e consciente: deportada para Birkenau, fora a única sobrevivente de sua família.

Falava perfeitamente o italiano; por gratidão e temperamento, fizera-se logo amiga das italianas do campo, e, mais precisamente, daquelas que foram deportadas com o meu comboio. Contou-me a sua história, os olhos baixos, à luz da vela. A luz furtiva subtraía levemente o seu rosto às trevas, acentuando-lhe as rugas precoces, transformando-o numa trágica máscara. Um lenço cobria-lhe a cabeça: ela o retirou de repente, e a máscara tornou-se macabra como uma caveira. O crânio de Olga estava nu: cobria-o apenas uma rala penugem cinzenta.

Todos haviam morrido. Todas as crianças e todos os velhos. Das quinhentas e cinquenta pessoas de quem havia perdido notícia ao entrar no Lager, apenas vinte e nove mulheres haviam sido admitidas no campo de Birkenau: dessas, apenas cinco sobreviveram. Vanda fora para o gás, em plena consciência, no mês de outubro: ela mesma, Olga, providenciara-lhe dois comprimidos de sonífero, mas não foram suficientes.

O GREGO

Lá pelo final de fevereiro, após um mês de cama, sentia-me não já curado, mas estacionário. Tinha a clara impressão de que, enquanto não ficasse em posição vertical (mesmo com esforço) e não calçasse os sapatos, não encontraria a saúde e as forças. Por isso, num dos raros dias de visita, pedi ao médico que me desse alta. O médico examinou-me, ou fingiu examinar-me; constatou que a descamação da escarlatina terminara; disse-me que, a seu juízo, eu poderia ir, recomendou-me, ridiculamente, que não me expusesse ao cansaço e ao frio, e me desejou boa sorte.

Cortei um par de palmilhas de uma coberta, juntei todos os casacos e as calças de linho que pude encontrar (pois outros indumentos não havia), despedi-me de frau Vida, de Henek, e fui embora.

Mantinha-me de pé com muita dificuldade. Logo ao sair, deparei-me com um oficial soviético: fotografou-me e deu-me cinco cigarros de presente. Pouco depois, não consegui evitar uma pessoa à paisana, que estava recrutando homens para desobstruir a neve: capturou-me, surdo a meus protestos, deu-me uma pá e me reuniu ao grupo de varredores de neve.

Ofereci-lhe os cinco cigarros, mas recusou-os com raiva. Era um ex-Kapo, e naturalmente permanecera em serviço: a quem mais conseguiria mandar varrer a neve senão a pessoas como nós? Tentei trabalhar, mas era materialmente impossível. Se conseguisse dobrar a esquina, ninguém daria por mim, mas era essencial livrar-me da pá: seria interessante vendê-la, mas não sabia a quem, e levá-la comigo, mesmo que por poucos passos, era perigoso. Não havia neve suficiente para enterrá-la. Deixei-a cair, finalmente, através da janela de uma adega, e voltei a estar livre.

Enfiei-me num Bloco: havia um guarda, um velho húngaro, que não queria deixar-me entrar, mas os cigarros o convenceram. Lá dentro fazia calor, havia muita fumaça, barulho e rostos desconhecidos; mas, à noite, deram-me também a sopa. Tinha a esperança de alguns dias de repouso e de preparação gradual para a vida ativa, mas não sabia que caíra num lugar errado. Não muito tarde na manhã seguinte, vi-me num transporte russo para um misterioso campo de parada.

Não posso dizer que recorde exatamente quando e como o meu grego emergiu do nada. Naqueles dias e naqueles lugares, pouco após a passagem do front, um vento alto soprava no rosto da terra: o mundo ao nosso redor parecia ter voltado ao caos primordial, e fervilhava de exemplares humanos escalenos, defeituosos, anormais; e cada qual se debatia em movimentos cegos ou deliberados, na busca apressada da própria esfera, como se narra poeticamente a respeito das partículas dos quatro elementos nas cosmogonias dos antigos.

Arrastado igualmente pelo turbilhão, numa noite gélida, após uma abundante nevasca, muitas horas antes do amanhecer, achei-me numa carroça militar, puxada por cavalos, junto com uma dezena de companheiros que eu não conhecia. O frio era intenso; o céu, densamente estrelado, tornava-se mais claro a leste: promessa de uma daquelas maravilhosas auroras da planície, à qual, no tempo da escravidão, assistíamos interminavelmente da praça da convocação do Lager.

Nosso guia e escolta era um soldado russo. Sentava-se na boleia, cantando às estrelas com voz clara, e conversando de quando em quando com os cavalos naquele seu modo estranhamente afetuoso, com inflexões gentis e longas frases moduladas. Perguntamos-lhe sobre a nossa destinação, naturalmente, mas sem conseguir obter algo compreensível, exceto que, a julgar por algumas de suas baforadas ritmadas e pelo movimento dos cotovelos dobrados como êmbolo, sua função devia limitar-se a nos levar até uma ferrovia.

Assim ocorreu de fato. Quando o sol apareceu, a carroça parou no sopé de um declive: lá em cima passavam os trilhos interrompidos e devastados por uns cinquenta metros, em virtude de um recente bombardeio. O soldado nos mostrou dois troncos, ajudou-nos a descer da carroça (e era necessário: a viagem durara quase duas horas, a carroça era pequena, e muitos de nós, pela posição incômoda e o frio penetrante, ficaram totalmente entorpecidos, a ponto de não conseguir se mexer), cumprimentou-nos com palavras joviais e incompreensíveis, virou os cavalos e voltou, cantando docemente.

O sol, que surgira havia pouco, desaparecera atrás de um véu de neblina; do alto da escarpa ferroviária via-se apenas uma interminável planície achatada e deserta, sepultada na neve, sem um teto, sem uma árvore. Passaram-se outras horas: nenhum de nós tinha relógio.

Como disse, éramos uma dezena. Havia um *Reichsdeutscher* ["alemão do Império"; nazista] que, como muitos outros alemães arianos, após a libertação assumira maneiras relativamente educadas e francamente ambíguas (era essa uma divertida metamorfose, que já vira acontecer com outros: às vezes progressivamente, às vezes em poucos minutos, à primeira chegada dos novos patrões da estrela vermelha, em cujos largos rostos era fácil ler a tendência de não se perder em sutilezas). Havia dois irmãos altos e magros, judeus vienenses em torno dos cinquenta anos, silenciosos e precavidos como todos os velhos *Häftlinge*; um oficial do exército regular iugoslavo, que parecia não ter ainda conseguido libertar-se do desânimo e da inércia do Lager, olhava para nós com olhos vazios. Havia uma espécie de ruína humana, cuja idade era indefinível, que falava sem parar, sozinho, em ídiche: um dos muitos que a vida feroz do campo destruíra pela metade, deixando-os sobreviver, depois, envoltos (e talvez protegidos) em uma espessa couraça de insensibilidade ou de declarada loucura. E havia finalmente o grego, com o qual o destino me devia reunir para uma inesquecível semana errante.

Chamava-se Mordo Nahum, e à primeira vista não apresentava nada que o notabilizasse, a não ser os sapatos (de couro, quase novos, de modelo elegante, um verdadeiro portento, dado o tempo e o lugar) e a mochila que levava às costas, de dimensões consideráveis e de peso correspondente, como eu próprio constataria nos dias que se seguiram. Além da sua língua, falava espanhol (como todos os judeus de Salonica), francês, um italiano com certa dificuldade mas com boa pronúncia, e, como fiquei sabendo depois, turco, búlgaro e um pouco de albanês. Tinha quarenta anos, era de estatura relativamente alta, mas caminhava recurvado, com a cabeça para a frente como os míopes. Vermelho, tanto nos cabelos quanto na pele, tinha olhos grandes, brancos e aquosos, além de um grande nariz adunco; o que conferia à sua figura um aspecto ao mesmo tempo ávido e imóvel, como o da ave noturna surpreendida pela luz, ou de peixe de isca fora de seu elemento natural.

Convalescia de uma doença imprecisa, que lhe provocara acessos de febre altíssima, extenuante: mesmo então, nas primeiras noites de viagem, caía às vezes num estado de prostração, com arrepios e delírio. Conquanto não nos sentíssemos particularmente atraídos um pelo outro, fomos aproximados pelas duas línguas comuns, e pelo fato, bastante sensível naquelas circunstâncias, de sermos os únicos mediterrâneos do pequeno grupo.

A espera fazia-se interminável: tínhamos fome e frio, e éramos obrigados a permanecer de pé ou a deitar na neve, porque não se via um teto ou sequer um abrigo. Devia ser aproximadamente meio-dia quando, anunciada de longe pelo arquejo e pela fumaça, estendeu-se caridosamente para nós a mão da civilização, sob a forma de um estreito comboio de três ou quatro vagões de carga puxados por uma pequena locomotiva, do tipo daquelas que em tempos normais servem para manobrar os vagões no interior das estações.

O comboio parou diante de nós, no limite do trecho interrompido. Desceram alguns aldeões poloneses, dos quais não conseguimos obter nenhuma informação sensata: olhavam para nós com os rostos fechados, e nos evitavam como se fôssemos pestilentos. Devia ser assim na realidade, provavelmente em sentido literal, e o nosso aspecto também não devia parecer agradável: entretanto, tínhamos a ilusão de que seríamos acolhidos mais cordialmente por parte dos primeiros "civis" que encontramos após a nossa libertação. Subimos todos para um dos vagões, e o trenzinho voltou a partir quase imediatamente para trás, empurrado e não mais puxado pela locomotiva-brinquedo. Na parada subsequente subiram duas camponesas, com as quais, superada a primeira desconfiança e a dificuldade da linguagem, aprendemos alguns importantes dados geográficos, e uma notícia que, se fosse verdade, soava para nós pouco menos que desastrosa.

A interrupção dos trilhos não ficava muito longe de uma localidade denominada Neu Berun, a qual, por sua vez, terminava numa ramificação para Auschwitz, então destruída. Os dois troncos que partiam da interrupção conduziam um para Katowice (a oeste), o outro para Cracóvia (a leste). As duas localidades distavam de Neu Berun cerca de sessenta quilômetros, algo que, nas condições assustadoras em que a guerra deixara a linha, significava, pelo menos, dois dias de viagem, com um número impreciso de paradas e baldeações. O comboio em que nos encontrávamos seguia para Cracóvia: em Cracóvia os russos haviam separado, poucos dias antes, um número enorme de ex-prisioneiros, e agora todas as casernas, as escolas, os hospitais, os conventos transbordavam de pessoas em estado de extrema necessidade. As mesmas estradas de Cracóvia, segundo nossas informantes, fervilhavam de homens e mulheres de todas as raças, que num piscar de olhos haviam se transformado em contrabandistas, mercadores clandestinos, ou mesmo em ladrões e bandidos.

Fazia muitos dias, os ex-prisioneiros vinham sendo concentrados em outros campos, nos arredores de Katowice: as duas mulheres estavam bastante surpreendidas de nos ter encontrado em viagem para Cracóvia, onde, diziam, a própria guarnição russa passava fome. Depois de ouvirem nossa história, consultaram-se brevemente, e se declararam persuadidas de que devia tratar-se simplesmente de um erro do nosso acompanhante, o carreteiro russo, o qual, conhecendo bem pouco a região, nos mandara para o tronco leste, em lugar do tronco oeste.

A notícia nos precipitou num labirinto de dúvidas e de angústias. Tínhamos a esperança de uma viagem breve e segura, para um campo preparado para nos receber, para um substituto aceitável de nossas casas; e tal esperança fazia parte de uma esperança maior, a de um mundo reto e justo, milagrosamente restabelecido em seus fundamentos naturais após uma eternidade de transtornos, erros e tragédias, após o tempo de nossa longa paciência. Era uma esperança ingênua, como todas aquelas que repousavam em cortes muito claros entre o bem e o mal, entre o passado e o futuro: mas era o que então vivíamos. Aquela primeira brecha e as muitas outras inevitáveis, pequenas e grandes, que se seguiram, foram, para muitos, ocasião de dor, tanto mais sensível quanto menos prevista: pois ninguém sonha durante anos, durante décadas, com um mundo melhor, sem o imaginar perfeito.

Mas não; acontecera algo que somente pouquíssimos sábios dentre nós haviam previsto. A liberdade, a improvável, impossível liberdade tão distante de Auschwitz, que apenas nos sonhos ousávamos imaginar, chegara: mas sob a forma de uma impiedosa planície deserta. Esperavam por nós outras provas, outras fadigas, outras fomes, outros gelos, outros medos.

Eu jejuava fazia vinte e quatro horas. Estávamos sentados no pavimento de madeira do vagão, amontoados uns sobre os outros para proteger-nos do frio; os trilhos estavam desconjuntados, e a cada solavanco nossas cabeças, balançando, iam bater contra as tábuas da parede. Sentia-me sem forças, não só corporalmente: como um atleta que tivesse corrido durante horas, gastando todas as energias, primeiro aquelas da natureza, e depois aquelas que se espremem, que se criam do nada nos momentos de necessidade extrema; e como se, chegando à meta, e após abandonar-se, exausto, no chão, fosse brutalmente recolocado de pé, e obrigado a partir correndo, na escuridão, para uma outra chegada não sabemos a que distância. Meditava pensamentos amargos: que a natureza concede raramente reparações, e assim é a sociedade humana, enquanto é tímida e lenta ao separar-se dos grandes esquemas da natureza; e que conquista representa, na história do pensamento humano, o chegar a ver a natureza não mais como um modelo para ser seguido, mas um bloco sem forma para ser esculpido, ou um inimigo contra o qual devemos lutar.

O trem viajava lentamente. Aldeias escuras surgiram ao entardecer, aparentemente desertas; depois desabou uma noite total, atrozmente gélida, sem luzes no céu ou na terra. Somente os solavancos do vagão nos impediam de cair num sono que o frio teria tornado mortal. Após intermináveis horas de viagem, talvez por volta das três da manhã, paramos finalmente numa pequena estação escura e devastada. O grego delirava. Os outros, por medo, ou por pura inércia, na esperança de que o trem voltasse a partir imediatamente, não quiseram descer do vagão. Eu desci e caminhei pela escuridão com a minha mala ridícula, até encontrar uma pequena janela iluminada. Era a cabine do telégrafo, apinhada de gente: havia um fogo aceso. Entrei, cauteloso como um cão vadio, pronto a desaparecer ao primeiro sinal de ameaça, mas ninguém reparou em mim. Atirei-me ao chão e adormeci prontamente, como se aprende a fazer no Lager.

Acordei algumas horas depois, ao amanhecer. A cabine estava vazia. O telegrafista me viu levantar a cabeça, e colocou junto a mim, no chão, uma gigantesca fatia de pão e queijo. Eu estava aturdido (apesar de ficar paralisado pelo frio e pelo sono) e temo que não lhe tenha agradecido. Meti a comida no estômago e saí ao ar livre: o trem não se movera. No vagão, os companheiros jaziam aparvalhados; ao ver-me acordaram, todos menos o iugoslavo, que em vão procurou mover-se. O gelo e a imobilidade haviam-lhe paralisado as pernas: bastava tocá-lo para que gritasse e gemesse. Tivemos que massageá-lo durante longo tempo, e somente depois mover-lhe cuidadosamente as pernas, como se desbloqueia um mecanismo enferrujado.

Fora para todos nós uma noite terrível, talvez a pior de todo o nosso exílio. Falei a respeito disso com o grego: concordamos com a decisão de travar amizade, com o objetivo de evitar, com todos os meios, uma outra noite de gelo, à qual sabíamos que não iríamos sobreviver.

Acredito que o grego, graças à minha saída noturna, tenha de alguma forma exagerado minhas qualidades de "débrouillard et démerdard", como elegantemente se dizia então. Quanto a mim, confesso ter considerado principalmente a sua grande mochila e a sua qualidade de cidadão de Salonica, que, como todos em Auschwitz, sabia ser equivalente a uma garantia de refinadas habilidades mercantis, e de saber sair-se bem em todas as circunstâncias. A simpatia, bilateral, e a estima, unilateral, vieram depois.

O trem partiu e com trajeto tortuoso e impreciso conduziu-nos a um lugar chamado Szczakowa. Ali a Cruz Vermelha polonesa criara um maravilhoso serviço de cozinha quente: distribuía-se uma sopa bastante substanciosa, a todas as horas do dia e da noite, e a quem se apresentasse, sem distinção. Um milagre que nenhum de nós ousaria sonhar em seus sonhos mais audazes: de certa forma, o Lager às avessas. Não recordo o comportamento de meus companheiros: mostrei-me tão voraz que as irmãs polonesas, mesmo acostumadas à esfomeada clientela do lugar, persignaram-se.

Partimos de tarde. Ainda havia sol. O nosso pobre trem parou no crepúsculo, avariado: brilhavam avermelhados, na distância, os campanários de Cracóvia. O grego e eu descemos do vagão e fomos perguntar ao maquinista, que estava no meio da neve todo ocupado e sujo, lutando com longos jatos de vapor que se originavam de não sei qual tubo rompido. "Machína kaputt", respondeu-nos lapidarmente. Já não éramos servos, já não éramos protegidos, havíamos saído da tutela. Soava para nós a hora da provação.

O grego, restaurado pela sopa quente de Szczakowa, sentia-se bastante bem. "On y va?" "On y va." Assim deixamos o trem e os companheiros, perplexos, que não iríamos ver mais, e partimos a pé à busca problemática da Sociedade Civil.

Após seu peremptório pedido, eu ia carregando o famoso embrulho. "Mas essas coisas são suas!", procurei protestar em vão. "Justamente porque são minhas. Eu as preparei e você as carrega. É a divisão do trabalho. Mais tarde vai tirar proveito disso." Assim nos encaminhamos, ele primeiro e eu depois, sobre a neve compacta de uma estrada periférica; já não se via mais o sol.

Já falei dos sapatos do grego; quanto a mim, eu calçava um par de curiosos sapatos como aqueles usados pelos padres na Itália: de couro delicadíssimo, compridos até acima do maléolo, sem cordões, com dois grossos cadarços, e duas peças laterais de tecido elástico que deviam assegurar o fechamento e a aderência. Ele vestia, além disso, quatro pares sobrepostos de calças de linho de Häftling, uma camisa de algodão, um terno listrado, e só. Minha bagagem consistia numa coberta e numa caixa de papelão onde eu guardara primeiro alguns pedaços de pão mas que agora estava vazia: coisas que o grego olhava de soslaio, com indisfarçável desprezo e despeito.

Estávamos grosseiramente enganados acerca da distância de Cracóvia, meus sapatos se acabaram: a sola de um se separara, e a outra começava a se descosturar. O grego mantivera até então um silêncio expressivo: quando me viu depor o embrulho e sentar num marco de pedra para constatar o desastre, perguntou-me:

"Quantos anos você tem?"

"Vinte e cinco", respondi.

"Qual é a sua profissão?"

"Sou químico."

"Então você é um estúpido", disse-me tranquilamente. "Quem não tem sapatos é um estúpido."

Era um grande grego. Poucas vezes na minha vida, antes e depois, senti sobre a minha cabeça uma sabedoria tão concreta.

Havia bem pouco para replicar. A validade do argumento era palpável, evidente: os dois escombros disformes nos meus pés, e as duas maravilhas brilhantes nos seus. Não havia justificativa. Já não era um escravo: mas após os primeiros passos no caminho da liberdade, eis-me sentado num marco de pedra, com os pés nas mãos, desajeitado e inútil como as locomotivas avariadas que tínhamos deixado havia pouco. Eu merecia a liberdade? O grego parecia duvidar.

"...Mas eu tive escarlatina, febre, estive na enfermaria: o depósito de sapatos ficava muito distante, era proibido aproximar-se, e, de mais a mais, dizia-se que fora saqueado pelos poloneses. Acaso eu não tinha o direito de acreditar que os russos se preocupariam com isso?"

"Palavras", disse o grego. "Palavras todos sabem dizer. Eu tinha febre de quarenta graus, e não entendia se era dia ou noite; mas de uma coisa estava certo: carecia de sapatos e de outras coisas; então me pus de pé e fui até o depósito para examinar a situação. E havia um russo com metralhadora na porta: mas eu queria os sapatos, e rodei por trás, arrombei uma janela e entrei. Assim tive os sapatos, e também a mochila e tudo que está na mochila se tornará útil mais adiante. Isso é previdência; no teu caso, estupidez, por não levar em conta a realidade das coisas."

"Agora é você que está dizendo palavras", retruquei. "Terei errado, mas agora trata-se de chegar a Cracóvia antes que anoiteça, com ou sem sapatos." E, falando assim, apressava-me, com os dedos sujos, e com certos pedaços de fio de ferro que encontrara pelo caminho, em amarrar ao menos provisoriamente as solas no peito do sapato.

"Deixe estar, não faça nada." Deu-me dois pedaços de tela rija que tirara do embrulho, e mostrou-me a maneira de amarrar os sapatos aos pés, para caminhar melhor. Prosseguimos depois em silêncio.

A periferia de Cracóvia era anônima e esquálida. As estradas estavam rigorosamente desertas: as vitrines das lojas, vazias, todas as portas e janelas, trancadas ou arrombadas. Chegamos ao ponto de uma linha de bonde; eu hesitava, pois não tínhamos como pagar a corrida, mas o grego disse: "Tomemos o bonde, depois vamos ver". O carro estava vazio; após um quarto de hora chegou o manobrista, e não o cobrador (donde se depreende que o grego tinha razão mais uma vez; e teria razão em todos os sucessivos acontecimentos, exceto em apenas um); partimos, e durante o percurso descobrimos, com extrema alegria, que um dos passageiros que subiram nesse ínterim era um militar francês. Disse-nos que estava hospedado num antigo convento, e que o bonde devia passar na frente dele; na parada seguinte, encontraríamos uma caserna requisitada pelos russos e repleta de militares italianos. Meu coração exultava: encontrara uma casa.

Na realidade, não foi tudo assim tão fácil. A sentinela polonesa, de guarda na caserna, convidou-nos, secamente, para ir embora. "Para onde?", "O que tenho com isso? Fora daqui." Após muita insistência e pedidos, saiu para chamar, enfim, o marechal italiano, do qual dependiam, evidentemente, as decisões sobre a admissão de outros hóspedes. Não era simples, como nos explicou: a caserna estava completamente cheia, as rações eram limitadas; que eu fosse italiano, podia admiti-lo, mas não era um militar; quanto ao meu companheiro, era grego, e seria impossível introduzi-lo entre ex-combatentes da Grécia e da Albânia: ocorreriam certamente desordens e brigas. Redargui com a minha melhor eloquência, e com genuínas lágrimas nos olhos: garanti que ficaríamos apenas uma noite (e pensava comigo: uma vez lá dentro...), e que o grego falava bem o italiano, mas mesmo assim abriria a boca o menos possível. Meus argumentos eram fracos, e eu sabia: mas o grego conhecia o funcionamento de todas as nadjas do mundo e, enquanto eu falava, ele mexia na mochila, presa às minhas costas. De repente, empurrou-me para o lado, e em silêncio pôs sobre o nariz do cérebro uma reluzente caixa de Pork, enfeitada com uma etiqueta multicolorida, e com fúteis instruções em seis línguas sobre a maneira correta de manipular o conteúdo. Assim conquistamos para nós um teto e um leito em Cracóvia.

* * *

Já era noite. Ao contrário do que o marechal nos queria fazer acreditar, no interior da caserna reinava a mais suntuosa abundância; havia aquecedores acesos, velas e lâmpadas de carbureto, comida e bebida, e palha para dormir. Os italianos estavam distribuídos de dez a doze por quarto, enquanto nós, em Monowitz, éramos dois por metro cúbico. Trajavam boas roupas militares, casacos forrados, muitos andavam com seus relógios de pulso, todos usavam brilhantina nos cabelos; eram ruidosos, alegres e gentis, e nos encheram de cortesias. Quanto ao grego, por pouco não foi levado em triunfo. Um grego! Chegou um grego! A notícia espalhou-se de quarto em quarto, e, ao redor de meu sócio carrancudo, reuniu-se, em poucos minutos, uma festejante multidão. Alguns falavam grego com desenvoltura, eram os sobreviventes da mais compassiva ocupação militar de que a história tem notícia: evocavam com pitoresca simplicidade lugares e fatos, num tácito reconhecimento cavalheiresco do desesperado valor do país invadido. Mas havia algo mais, que lhes abria caminho: o meu não era um grego qualquer, era visivelmente uma autoridade, um supergrego. Em poucos minutos de conversa, realizara um milagre, criara uma atmosfera.

Possuía os instrumentos adequados: sabia falar italiano, e (o que mais importa, e falta a muitos italianos) sabia do que se fala em italiano. Surpreendeu-me: demonstrou ser especialista em garotas e talharins, Juventus e música lírica, guerra e blenorragia, vinho e mercado negro, motocicletas e expedientes. Mordo Nahum, tão lacônico comigo, tornou-se prontamente o centro da noite. Percebia que a sua eloquência, seu afortunado esforço de "captatio benevolentiae" não se originavam apenas de considerações de oportunidade. Ele também fizera a campanha da Grécia, com patente de sargento: do outro lado do front, é claro, mas esse particular, naquele momento, parecia a todos sem importância. Estivera em Tepeleni, mas também muitos italianos estiveram por lá, sofrera como eles o frio, a fome, a lama e os bombardeios, e no final, como eles, fora capturado pelos alemães. Era um colega, um companheiro de armas.

Contava curiosas histórias sobre a guerra: quando, após o rompimento do front por parte dos alemães, ele se encontrara com seis soldados a vasculhar no primeiro andar de uma mansão abandonada, buscando comida, e ouvira rumores suspeitos no andar inferior: descera com todo o cuidado pelas escadas, a metralhadora ao flanco, e topara com um sargento italiano, que com seis soldados executava a mesma tarefa no andar térreo. O italiano apontara-lhe a metralhadora, mas ele fizera notar que, naquelas condições, o tiroteio seria inútil, porque ambos se encontravam, gregos e italianos, na mesma sopa, e que não via por que não podiam concluir uma pequena paz, separada, local, e continuar as buscas nos respectivos territórios de ocupação: proposta a que o italiano prontamente acedeu.

Para mim foi uma revelação. Sabia que ele não passava de um vendedor, um pouco trapaceiro, esperto na vigarice, desprovido de escrúpulos, egoísta e frio: mas mesmo assim sentia florescer nele, favorecido pela simpatia do auditório, um calor novo, uma humanidade insuspeitada, singular mas genuína, rica de promessas.

Tarde da noite, surgiu, não sei de onde, nada mais, nada menos do que uma garrafa de vinho. Foi o tiro de misericórdia: tudo naufragou celestialmente para mim numa quente neblina de cor púrpura, e consegui arrastar-me de quatro até a cama de palha que os italianos, com cuidado maternal, prepararam num canto para o grego e para mim.

O dia mal acabara de nascer quando o grego me acordou. Ah, ilusão! Onde desaparecera o jovial convidado da noite anterior? O grego que estava diante de mim era duro, fechado, taciturno. "Vamos, levanta", disse-me com um tom que não admitia réplica. "Ponha os sapatos, pegue a mochila e vamos."

"Aonde vamos?"

"Ao trabalho. Ao mercado. Você acha digno que nos sustentem?"

Diante desse argumento eu me sentia totalmente refratário. Além de cômodo, considerava belo que alguém me sustentasse: considerava bela, entusiasmadora, a explosão de solidariedade nacional, aliás, de espontânea humanidade da primeira noite. Além disso, cheio como estava de autopiedade, parecia-me justo, bom, que o mundo sentisse, afinal, piedade de mim. Além disso, eu não tinha sapatos, estava doente, sentia frio, estava cansado; e afinal, céus!, o que eu iria fazer no mercado?

Expus-lhe essas considerações, que eram óbvias para mim. Mas, "c'est pas des raisons d'homme", respondeu-me secamente: tive de me dar conta de que eu lesara um seu importante princípio moral, que estava seriamente escandalizado, que naquele ponto não estava disposto a transigir nem discutir. Todos os códigos morais são rígidos por definição: não admitem nuances, compromissos ou contaminações recíprocas. Devem ser acatados ou recusados em bloco. Essa é uma das principais razões pelas quais o homem é gregário e busca, mais ou menos conscientemente, a proximidade não de seu próximo genérico, mas somente de quem compartilha de suas convicções profundas (ou da falta de tais convicções). Tive de perceber, com desapontamento e assombro, que aquele era Mordo Nahum: um homem de convicções profundas, que, além disso, eram bastante diversas das minhas. Ora, todos sabem quanto é difícil manter relações de negócios, aliás conviver, com um adversário ideológico.

O trabalho era o fundamento da sua ética, que ele sentia como um sacro dever mas que compreendia num sentido mais amplo. Era trabalho tudo e apenas aquilo que traz lucros sem comprometer a liberdade. O conceito de trabalho compreendia pois, além de algumas atividades lícitas, igualmente, por exemplo, o contrabando, o furto, a trapaça (mas não o roubo: não era um violento). Considerava, todavia, censuráveis, porque humilhantes, todas as atividades que não comportavam iniciativa ou risco, ou que pressupunham uma disciplina e uma hierarquia: toda relação de trabalho, toda prestação de serviço, conquanto bem retribuída, ele a assimilava totalmente ao "trabalho servil".

Mas não era trabalho servil arar o próprio campo, ou vender falsas antiguidades no porto aos turistas.

Quanto às atividades mais elevadas do espírito, ao trabalho criativo, demorei a compreender que o grego se dividia. Tratava-se de opiniões delicadas, que mereciam análise caso a caso: era lícito, por exemplo, perseguir o sucesso em si mesmo, ainda que vendendo falsa pintura ou subliteratura, ou ainda que prejudicando o próximo; censurável obstinar-se em perseguir um ideal não lucrativo; pecaminoso retirar-se do mundo em contemplação; era lícito, todavia, aliás recomendável, o caminho de quem se dedica a meditar e adquire sabedoria, contanto que não considere obrigação receber gratuitamente o próprio pão da Sociedade Civil: a sabedoria é também uma mercadoria; e pode e deve ser trocada.

Mordo Nahum não era um estúpido, e percebia claramente que esses seus princípios podiam não ser compartilhados por indivíduos de outra proveniência e formação, como no meu caso; estava, porém, tão firmemente persuadido do que acreditava, que a sua ambição era traduzir em ações as próprias ideias, para demonstrar-me a validade geral.

Conclusão: minha proposta de permanecer tranquilo e esperar o pão dos russos só podia parecer-lhe detestável; porque era um "pão não conquistado"; porque comportava uma sujeição; e porque toda forma de ordem, de estrutura, era para ele suspeita, quer resultasse no pão cotidiano, quer no salário no fim do mês.

Segui, portanto, o grego até o mercado; não tanto porque estivesse convencido pelos seus argumentos, mas por inércia e curiosidade. Na primeira noite, enquanto eu navegava num mar de vapores vinosos, ele se informara diligentemente sobre a localização, os hábitos, as tarifas, as demandas e as ofertas do mercado livre de Cracóvia, e o dever o chamava.

Partimos, ele, com a mochila (que eu carregava), eu, dentro de meus sapatos arruinados, em virtude dos quais cada um de meus passos tornava-se problemático. O mercado de Cracóvia florescera espontaneamente, logo após a passagem do front, e em poucos dias invadira todo um quarteirão. Vendia-se e comprava-se de tudo, e toda a cidade frequentava o mercado: burgueses vendiam móveis, livros, quadros, roupas e prataria; camponeses, agasalhados como colchões, ofereciam carne, frangos, ovos, queijo; meninos e meninas, nariz e rostos vermelhos por causa do vento, buscavam apreciadores para as rações de tabaco que a administração militar soviética distribuía com extravagante munificência (trezentos gramas por mês a todos, incluindo os bebês).

Encontrei com alegria um pequeno grupo de compatriotas: gente esperta, três soldados e uma garota, pródigos e joviais, que naqueles dias faziam excelentes negócios com seus bolinhos quentes, preparados com estranhos ingredientes, sob um pórtico não muito distante.

Depois de dar uma espiada, o grego se decidiu pelas camisas. Éramos sócios? Pois bem, ele ia contribuir com o capital e com a experiência mercantil: eu, com o meu (tênue) conhecimento do alemão e com o trabalho material. "Vá", disse-me, "vá a todas as bancas que vendem camisas, pergunte quanto custam, diga que é muito caro, volte depois e me informe. Não dê muito na vista." Fui realizar de má vontade essa pesquisa de mercado: havia dentro de mim uma fome antiga, e o frio, e a inércia, e, juntamente com isso, curiosidade, irresponsabilidade, e uma nova e saborosa vontade de conversar, de estabelecer contatos humanos, de ostentar e gastar minha desmedida liberdade. Mas o grego, atrás de meus interlocutores, seguia-me com olhar severo: vamos, rápido, tempo é dinheiro, negócios são negócios.

Voltei com alguns preços de referência, dos quais o grego tomou nota mentalmente; e com um bom número de noções filológicas desconexas: que camisa se diz algo como *koschiúla*; que os numerais poloneses lembram aqueles gregos; que "quanto custa" e "que horas são" é mais ou menos "ile kostúie" e "ktura gogína"; uma desinência do genitivo em *ego* que me clareou o sentido de algumas imprecações polonesas ouvidas frequentemente no Lager; e outros fragmentos de informação, que me enchiam de felicidade insípida e pueril.

O grego calculava. Podia-se vender uma camisa de cinquenta a cem zloty; um ovo custava cinco ou seis zloty; com dez zloty, segundo informações dos italianos dos bolinhos, podia-se comer sopa e comida sólida no refeitório dos pobres, atrás da catedral. O grego decidiu vender uma só das três camisas que possuía, e comer naquele refeitório; o restante seria investido em ovos. Depois veríamos o que fazer.

Deu-me a camisa, e determinou que a mostrasse e gritasse: "camisa, senhores, camisa". Para "camisa" já estava documentado; quanto a "senhores", acreditei que a forma correta fosse *Panowie*, expressão que ouvira usar alguns minutos antes pelos meus concorrentes, e que interpretei como vocativo plural de *Pan*, "senhor". Sobre esse último termo, não tinha dúvidas: encontra-se num importante diálogo dos *Irmãos Karamázov*. Devia ser propriamente a palavra correta, porque vários clientes dirigiam-se a mim em polonês, fazendo-me perguntas incompreensíveis a respeito da camisa. Eu estava algo embaraçado: o grego interveio com a sua autoridade, empurrou-me para um canto e conduziu diretamente a negociação, que foi longa e laboriosa mas que se concluiu bem. Sobre a proposta do comprador, a passagem de propriedade teve lugar não na praça pública, mas sob um pórtico.

Setenta zloty, que correspondiam a sete refeições ou a uma dúzia de ovos. Não sei o que pensava o grego: fazia catorze meses que eu não dispunha de uma tal soma de gêneros alimentares, todos de uma só vez. Mas eu dispunha disso realmente? Havia razões para duvidar: o grego embolsara a soma em silêncio, e com todo o seu comportamento dava a entender que pretendia guardar a administração dos proventos para si mesmo.

Percorremos ainda as bancas das vendedoras de ovos, onde ouvimos que, pelo mesmo preço, podíamos comprar ovos cozidos ou crus. Compramos seis, para o nosso jantar: o grego realizou a compra com extrema diligência, escolhendo os maiores, após minuciosos confrontos, e após muita indecisão e arrependimento, totalmente insensível ao olhar crítico da vendedora.

O refeitório dos pobres estava localizado realmente atrás da catedral: bastava decidir qual, dentre as muitas e belas igrejas de Cracóvia, era a catedral. A quem perguntar, e como? Passava um padre: ia perguntar ao padre. Aquele padre, jovem e de aparência bondosa, não compreendia francês nem alemão; por consequência, pela primeira e única vez na minha vida pós-escolar, colhi os frutos dos anos de estudos clássicos, estabelecendo em latim a mais extravagante e confusa das conversas. Do pedido inicial de informações ("Pater optime, ubi est mensa pauperorum?") chegamos confusamente a falar de tudo, de eu ser judeu, do Lager ("castra"? Melhor Lager, infelizmente compreendido por qualquer um), da Itália, da inoportunidade de falar alemão em público (que pouco depois compreenderia melhor, por experiência direta), e de inumeráveis outras coisas, e a essa conversa a inesperada roupagem da língua dava um curioso sabor de pretérito imperfeito.

Esquecera completamente a fome e o frio, tanto assim que a necessidade de contatos humanos deve ser incluída entre as necessidades primordiais. Esquecera igualmente o grego; mas este não se esquecera de mim, e apareceu brutalmente após alguns minutos, interrompendo impiedosamente a conversa. Não que ele se privasse dos contatos humanos, e não compreendesse o seu mérito (vira-se isso na primeira noite na caserna): mas eram coisas fora do horário, festivas, acessórias, que não deviam ser misturadas com negócios sérios e valorosos, que constituem o trabalho cotidiano. Aos meus débeis protestos, não respondeu senão com um olhar sinistro. Fomos até lá. O grego permaneceu quieto por muito tempo; depois, num juízo conclusivo sobre a minha colaboração, disse-me num tom preocupado: "Je n'ai pas encore compris si tu es idiot ou fainéant".

Seguindo as preciosas indicações do padre, chegamos à cozinha dos pobres, lugar bastante deprimente, mas aquecido e rico de odores voluptuosos. O grego pediu duas sopas e apenas uma ração de feijão com toucinho: era a punição pela maneira inconveniente e presunçosa como me comportara pela manhã. Estava colérico; mas, após ter engolido a sopa, tornou-se mais sensível, a ponto de me deixar uma boa quarta parte dos seus feijões. Lá fora começara a nevar, e soprava um vento selvagem. Fosse por piedade da minha roupa listrada, ou negligência do regulamento, o pessoal da cozinha nos deixou em paz por uma boa parte da tarde, a meditar e a fazer planos para o futuro. O grego parecia totalmente outro: talvez estivesse de novo com febre, ou talvez, após os bons negócios da manhã, sentia-se de férias. Sentia-se, aliás, com disposição benevolamente pedagógica; com o passar das horas, o tom de sua conversa ia mudando a relação que nos unia: de patrão-escravo ao meio-dia, a titular-assalariado à uma hora, a mestre-discípulo às duas, a irmão maior-irmão menor às três. A conversa voltou aos meus sapatos, que nenhum de nós dois, por razões diversas, podia esquecer. Explicou-me que ficar sem sapatos é um erro muito grave. Nos tempos de guerra é preciso pensar basicamente em duas coisas: em primeiro lugar nos sapatos, em segundo, na comida; e não vice-versa, como acredita o vulgo: porque quem tem sapatos pode ir em busca de comida enquanto o inverso não funciona. "Mas a guerra terminou", objetei: eu a considerava terminada, como muitos naqueles meses de trégua, num sentido muito mais universal de quanto se ouse pensar hoje. "Guerra é sempre", respondeu memoravelmente Mordo Nahum.

É sabido que ninguém nasce com um decálogo no corpo, e cada qual constrói o próprio das coisas presentes ou das coisas passadas, com base nas experiências próprias, ou assimiláveis às próprias; razão pela qual o universo moral de cada um, oportunamente interpretado, identifica-se com a soma das experiências anteriores, e representa, pois, uma forma resumida de sua biografia. A biografia do meu grego era linear: aquela de um homem forte e frio, solitário e racional, que se movera desde a infância por entre as malhas rígidas de uma sociedade mercantil. Era (ou fora) acessível também a outras instâncias: não se mostrava indiferente ao céu e ao mar de seu país, aos prazeres de sua casa e de sua família, aos encontros dialéticos; mas fora condicionado a rechaçar tudo isso às margens da sua jornada e da sua vida, para que não perturbasse aquilo que ele chamava "travail d'homme". A sua vida fora uma guerra, e considerava vil e cego quem refutasse esse seu universo de ferro. O Lager chegara para ambos: eu o percebera como um monstruoso transtorno, uma horrenda anomalia de minha história e da história das coisas conhecidas; ele o considerara uma triste confirmação de coisas notórias. "Guerra é sempre", o homem é lobo do homem: velha história. Sobre os dois anos de Auschwitz, jamais comentou nada comigo.

Falou-me, todavia, com eloquência, de suas múltiplas atividades em Salonica, das partidas de mercadorias compradas, vendidas, contrabandeadas por mar, ou durante a noite, através da fronteira búlgara; das fraudes de que fora vergonhosamente vítima e daquelas gloriosamente perpetradas; e, finalmente, das horas felizes e serenas transcorridas às margens do golfo, após uma jornada de trabalho, com os colegas vendedores, em certos cafés sobre palafitas, que me descreveu com inesperado abandono, e das longas conversas de então. Quais conversas? Sobre moeda, alfândega e aluguéis, naturalmente; mas também sobre outras coisas. O que devemos entender por "conhecer", por "espírito", por "justiça", por "verdade". Sobre a natureza e a sua tênue ligação, que une a alma ao corpo, como se instaura com o nascimento e se dissolve com a morte. O que é a liberdade, e como conciliar o conflito entre a liberdade do espírito e o destino. Sobre o que vem depois da morte: e outras grandes coisas gregas. Mas tudo isso à noite, bem entendido, com os negócios concluídos, na companhia do café ou do vinho ou das azeitonas, lúcido jogo de intelecto entre homens ativos mesmo no ócio: isentos de paixão.

Por que o grego contava essas coisas para mim, por que se confessava comigo, não está claro. Talvez, diante de alguém tão diferente, tão estrangeiro, se sentisse ainda só, e a sua conversa era um monólogo.

Saímos do refeitório e voltamos à caserna dos italianos, à noite: após muitas insistências, obtivemos do coronel italiano a permissão de pernoitar na caserna mais uma vez, uma só. Nada de rancho, e que não déssemos na vista, pois não queria ter problemas com os russos. Na manhã seguinte, devíamos partir. Jantamos dois ovos cada um, aqueles adquiridos pela manhã, guardando os últimos dois para o desjejum. Após os fatos da jornada eu me sentia muito "menor" em comparação com o grego. Quando chegamos aos ovos perguntei-lhe se sabia reconhecer por fora a diferença entre um ovo cozido e um ovo cru (por exemplo, fazendo girar rapidamente o ovo em cima da mesa; se estivesse cozido iria girar por longo tempo, se estivesse cru pararia quase imediatamente): era uma pequena arte de que me orgulhava, e esperava que o grego não a conhecesse; esperava, portanto, reabilitar-me aos seus olhos, mesmo em pequena medida.

Mas o grego fuzilou-me com seus olhos frios de sábia serpente: "Quem você acha que eu sou? Você pensa que eu nasci ontem? Pensa que eu já não trabalhei com ovos? Vamos, fala algum artigo com que eu não tenha trabalhado!".

Tive que bater em retirada. O episódio, em si mesmo insignificante, devia retornar-me à mente muitos meses depois, em pleno verão, no coração da Rússia Branca, quando de meu terceiro e último encontro com Mordo Nahum.

Partimos na manhã seguinte, ao nascer da aurora (esta é uma história entretecida de gélidas auroras), tendo Katowice por meta: fora confirmado que lá realmente havia muitos centros de recolhimento para refugiados italianos, franceses, gregos etc. Katowice dista de Cracóvia uns oitenta quilômetros: pouco mais de uma hora de trem em tempos normais. Mas naqueles dias não havia mais do que vinte quilômetros de trilhos sem que fosse necessária uma baldeação; muitos trechos explodiram e, em virtude do péssimo estado das linhas, os trens trafegavam de dia com extrema lentidão, e de noite não viajavam absolutamente. Foi uma viagem labiríntica que durou três dias, com paradas noturnas em lugares absurdamente distantes da junção entre os dois extremos: uma viagem de gelo e de fome, que nos conduziu, no primeiro dia, a um lugar chamado Trzebinia. Ali o trem parou: desci à plataforma para espreguiçar minhas pernas entorpecidas pelo frio. Devia ser o primeiro, talvez, entre os vestidos de "zebra" que aparecia naquele lugar chamado Trzebinia: encontrei-me de pronto no centro de um denso círculo de curiosos, que me interrogavam levianamente em polonês. Respondi da melhor maneira possível em alemão; e, dentre o pequeno grupo de operários e camponeses, um civil caminhou em minha direção, com chapéu de feltro, óculos e envelope de couro nas mãos: um advogado.

Era polonês, falava bem francês e alemão, uma pessoa muito amável e benévola: possuía, afinal, todos os requisitos para que eu, finalmente, após o longuíssimo ano de escravidão e silêncio, reconhecesse nele o mensageiro, o porta-voz do mundo civil: o primeiro que encontrei.

Tinha uma avalanche de coisas urgentes para contar ao mundo civil: coisas minhas mas de todos, coisas de sangue, coisas que, me parecia, acabariam por fazer tremer toda consciência e seus fundamentos. Na realidade, o advogado era amável e benévolo: interrogava-me, e eu lhe falava vertiginosamente daquelas minhas tão recentes experiências, de Auschwitz próxima, mas que assim mesmo parecia por todos ignorada, da hecatombe da qual eu fugira sozinho, de tudo. O advogado traduzia em polonês em benefício do público. Ora, eu não conheço o polonês, mas sei como se diz "judeu" e como se diz "político": e percebi logo que a tradução da minha história, embora sentida, não era fiel. O advogado me descrevia ao público não como um judeu italiano, mas como um prisioneiro político italiano.

Perguntei-lhe logo a razão, surpreso e quase ofendido. Respondeu-me embaraçado: "C'est mieux pour vous. La guerre n'est pas finie". As palavras do grego.

Percebi que a onda quente do sentir-se livre, do sentir-se homem entre os homens, do sentir-se vivo, refluía longe de mim. Encontrei-me de pronto velho, exangue, cansado, além de toda a medida humana: a guerra não terminara, guerra é sempre. Os meus ouvintes foram-se em pequenos grupos: deviam ter entendido. Eu sonhara algo semelhante, todos sonháramos nas noites de Auschwitz: falar e não sermos ouvidos, reencontrar a liberdade e permanecer solitários. Logo fiquei a sós com o advogado; passados poucos minutos, ele também me deixou, desculpando-se com maneiras gentis. Aconselhou-me, como já o fizera o padre, para que não falasse alemão; diante de meus pedidos de explicação, respondeu-me vagamente: "A Polônia é um país triste", desejou-me boa sorte, ofereceu-me dinheiro, que recusei: parecia-me comovido.

A locomotiva apitava a partida. Voltei ao vagão de carga, onde me esperava o grego, mas não lhe contei o episódio.

Não foi a única parada: outras se seguiram, e numa dessas, à noite, percebemos que Szczakowa, o lugar da sopa quente para todos, não estava longe. Encontrava-se ao norte, e devíamos seguir para oeste, mas como em Szczakowa havia sopa quente para todos, e não tínhamos outro programa senão aquele de acabar com a nossa fome, por que não seguir para Szczakowa? Assim descemos, esperamos que passasse um trem adequado, e nos apresentamos diversas vezes a um balcão da Cruz Vermelha; creio que as irmãs polonesas se lembraram de mim facilmente, e que ainda se lembrem.

Ao cair da noite, decidimos dormir no chão, no meio da sala de espera, uma vez que todos os lugares ao redor já haviam sido ocupados. Apiedado, ou talvez curioso em relação à minha roupa, um policial polonês, bigodudo, vermelho e corpulento, aproximou-se de mim algumas horas depois; interrogou-me em vão na sua língua; respondi com a primeira frase que se aprende em todas as línguas que não conhecemos, ou seja, "nie rozumiem po polsku", não entendo polonês. Acrescentei, em alemão, que eu era italiano, e que falava um pouco de alemão. Ao quê, milagre!, o policial começou a falar italiano.

Falava um péssimo italiano, gutural e aspirado, traspassado por novíssimas blasfêmias. Aprendera-o, e isso explica tudo, num vale das proximidades de Bérgamo, onde trabalhara alguns anos como minerador. Ele também, e era o terceiro, aconselhou-me para que não falasse em alemão. Perguntei-lhe por quê: respondeu-me com um gesto eloquente, passando o dedo indicador e o médio, à maneira de faca, entre o queixo e a laringe, acrescentando alegremente: "Esta noite todos os alemães kaputt".

Tratava-se certamente de um exagero, e de algum modo de uma opinião-esperança: contudo, no dia seguinte, deparamo-nos com um trem de carga, fechado pelo lado de fora; seguia para o Oeste, e das aberturas viam-se muitos rostos humanos, procurando ar. Esse espetáculo, fortemente evocador, suscitou em mim um emaranhado de sentimentos confusos e contrastantes, que ainda hoje teria dificuldade para classificar.

O policial, muito gentilmente, propôs a mim e ao grego passar o resto da noite em local aquecido, numa cela da prisão; aceitamos de bom grado, e acordamos bem tarde pela manhã num insólito ambiente, após um sono restaurador.

No dia seguinte partimos de Szczakowa para a última etapa da viagem. Chegamos sem incidentes a Katowice, onde havia realmente um campo de recolhimento para os italianos, e outro para os gregos. Separamo-nos sem palavras: mas no momento da despedida, de maneira fugaz e assim mesmo distinta, senti movimentar-se de mim para ele uma onda solitária de amizade, eivada de tênue gratidão, desprezo, respeito, animosidade, curiosidade, e saudade, porque não o veria mais.

Contudo, eu o vi mais duas vezes. Nos dias gloriosos e turbulentos do final da guerra, quando todos os gregos de Katowice, uma centena, homens e mulheres, desfilaram cantando à frente do nosso campo, seguindo diretamente para a estação: voltavam à pátria, à casa. À frente da coluna encontrava-se Mordo Nahum, senhor entre os gregos, carregando o pavilhão branco e azul: mas o deixou quando me viu, saiu da fileira para me cumprimentar (um pouco ironicamente, ele partia e eu ficava: mas era justo, explicou-me, a Grécia pertencia às Nações Unidas), e com gesto não habitual tirou da famosa mochila um presente: um par de calças do tipo usado em Auschwitz nos últimos meses, ou seja, com uma grande "janela" na anca esquerda, fechada por um remendo de tecido listrado. Depois desapareceu.

Mas deveria reaparecer uma outra vez, muitos meses mais tarde, na cena mais improvável e na mais inesperada das encarnações.

KATOWICE

O CAMPO QUE ME ACOLHEU, esfomeado e cansado após a semana de peregrinações com o grego, situava-se numa pequena elevação, num subúrbio da cidade denominado Bogucice. Antes, fora um minúsculo Lager alemão, e abrigara os mineradores-escravos que trabalhavam numa mina de carvão, aberta nas redondezas. Era constituído por uma dúzia de barracões de alvenaria, de reduzidas dimensões, com um único andar: havia ainda a cerca dupla de arame farpado, agora puramente simbólica. A porta era vigiada por um soldado soviético, de ar sonolento e preguiçoso; no lado oposto, abria-se um grande buraco no arame farpado, através do qual se podia sair sem ser preciso curvar-se: o comando russo parecia não se preocupar minimamente com isso. As cozinhas, o refeitório, a enfermaria, os tanques ficavam do lado de fora da cerca, razão pela qual a porta era lugar de ir e vir contínuo.

A sentinela era um mongol gigantesco, de uns cinquenta anos, armado de metralhadora e baioneta, mãos enormes e nodosas, bigodes acinzentados, caídos à Stálin, e olhos de fogo: mas seu aspecto feroz e bárbaro era absolutamente incongruente com as suas inócuas funções. Não era nunca substituído, e por isso morria de tédio. O seu comportamento, com relação a quem entrava e saía, era imprevisível: às vezes pedia o *propusk*, vale dizer, o salvo-conduto; às vezes pedia apenas o nome; outras vezes, um pouco de tabaco, ou, então, nada. Em certos dias, ao contrário, impedia ferozmente todos de entrar, mas não encontrava nada para objetar se os visse depois saindo pelo buraco no fundo, que era absolutamente visível. Quando fazia frio, abandonava tranquilamente o seu posto de guarda, metia-se num dos quartos onde fumegasse uma chaminé, jogava a metralhadora num catre, acendia o cachimbo e oferecia vodca, se tivesse; se não a tivesse, ia pedi-la a alguém, e blasfemava, desconsolado, se não lhe davam vodca. Algumas vezes entregava a metralhadora ao primeiro que encontrasse, e com gestos e gritos fazia-o entender que devia ir substituí-lo no posto da guarda; depois, dormitava junto do aquecedor.

Quando lá cheguei com Mordo Nahum, o campo estava ocupado por uma população fortemente promíscua, de quatrocentas pessoas aproximadamente. Havia franceses, italianos, holandeses, gregos, tchecos, húngaros e outros: alguns haviam sido operários civis da Organização Todt, outros enviados militares, outros ainda ex-Häftlinge. Havia, também, uma centena de mulheres.

De fato, a organização do campo era largamente confiada às iniciativas particulares ou em grupo: mas, nominalmente, o campo dependia de um *Kommandantur*, "Comando", soviético, que era o mais pitoresco exemplar de acampamento cigano que se possa imaginar. Havia um capitão, Ivan Antonóvich Egorov, um homenzinho não mais jovem, de ar grosseiro e arredio; três "tenentes anciãos"; um sargento atlético e jovial; uma dúzia de soldados da reserva (entre os quais a sentinela bigoduda, descrita acima); um furriel; uma *doktorka*; um médico, Piótr Grigórievich Danchenko, muito jovem, grande bebedor, fumador, namorador e desleixado; uma enfermeira, Maria Fiódorovna Prima, que se tornou logo minha amiga; e um grupo indefinido de meninas robustas como os carvalhos, não se podia dizer se eram militares ou militarizadas ou auxiliares ou civis ou amadoras. Possuíam funções várias e indefinidas: lavadeiras, cozinheiras, datilógrafas, secretárias, criadas, namoradas *pro tempore* deste ou daquele, noivas intermitentes, esposas, filhas.

Toda a caravana vivia em boa harmonia, sem horário nem regras, nas adjacências do campo, acampada no espaço de uma escola primária abandonada. O único que se preocupava conosco era o furriel, que parecia ser o mais elevado em autoridade, se não em hierarquia, de todo o comando. Além disso, todas as suas relações hierárquicas eram indecifráveis: entretinham-se consigo próprios, ordinariamente com simplicidade amigável, como se fossem uma grande família provisória, sem formalismos militares; às vezes irrompiam litígios furiosos e pugilatos, mesmo entre oficiais e soldados, mas se concluíam rapidamente, sem consequências disciplinares e sem rancores, como se nada houvesse acontecido.

A guerra estava para terminar, a longuíssima guerra que devastara o seu país; já terminara para eles. Era a grande trégua: pois ainda não havia começado a outra dura estação, que devia seguir-se, como ainda não fora pronunciado o nome nefasto da guerra fria. Estavam alegres, tristes e cansados, e se compraziam com a comida e o vinho, como os companheiros de Ulisses após terem tirado os navios em seco. E, contudo, sob as aparências negligentes e anárquicas, era fácil reconhecer neles, em cada um daqueles rostos rudes e abertos, os bons soldados do Exército Vermelho, os homens valentes da Rússia velha e nova, doces na paz e atrozes na guerra, fortalecidos por uma disciplina interior, nascida da concórdia, do amor recíproco e do amor à pátria; uma disciplina mais forte, justamente porque interior, do que a disciplina mecânica e servil dos alemães. Era fácil entender, vivendo entre eles, porque aquela, e não esta, tinha vencido, afinal.

Um dos barracões do campo era habitado apenas por italianos, quase todos operários da construção civil, que se mudaram para a Alemanha mais ou menos voluntariamente. Eram pedreiros e mineradores, não mais jovens, gente tranquila, sóbria, laboriosa e de bom coração.

O chefe do campo dos italianos, a quem fui encaminhado por ser "recrutado à força", ao contrário, era bastante diferente. O contador Rovi tornara-se chefe do campo não por eleição de baixo, nem por investidura russa, mas por autonomia: com efeito, mesmo sendo um indivíduo de qualidades intelectuais e morais bastante pobres, possuía em medida bastante acentuada a virtude que, sob todos os céus, é a mais necessária para a conquista do poder, isto é, o amor ao próprio poder.

Assistir ao comportamento do homem que age não segundo

a razão, mas segundo os próprios impulsos profundos, é um espetáculo de extremo interesse, parecido com aquele de que desfruta o naturalista ao estudar as atividades de um animal a partir de todos os seus instintos. Rovi conquistara o seu cargo agindo com a mesma atávica espontaneidade com a qual a aranha constrói a sua teia; pois do mesmo modo como a aranha sem a teia, assim também Rovi sem cargo não sabia viver. Começara imediatamente a tecer: era, no fundo, um ingênuo, e não sabia uma palavra de alemão ou de russo, mas desde o primeiro dia garantira para si as funções de intérprete, e, cerimoniosamente, apresentara-se ao comando soviético na qualidade de plenipotenciário para os interesses italianos. Organizara uma escrivaninha, com formulários (escritos à mão, em bela caligrafia com ornatos), carimbos, lápis de várias cores e livro-razão; mesmo não sendo coronel, nem sequer militar, fixara fora da porta um vistoso cartaz: "Comando Italiano — Coronel Rovi"; circundara-se de uma pequena corte de ajudantes, sacristãos, escrivães, espiões, mensageiros e valentões, que ele remunerava em espécie, com víveres subtraídos das rações da comunidade, e que eram dispensados de todos os trabalhos de interesse comum. Seus cortesãos, que, como sempre acontece, eram muito piores do que ele, cuidavam (mesmo com a força, o que raramente era necessário) para que suas ordens fossem executadas, serviam-no, colhiam informações para ele, e o adulavam intensamente.

Com surpreendente clareza, isto é, com um procedimento mental altamente complexo e misterioso, ele compreendera a importância, aliás, a necessidade, de ter uniforme, porquanto devia tratar com gente de uniforme. Inventara um uniforme não desprovido de fantasia, bastante teatral, com um par de botas soviéticas, boné de ferroviário polonês, e paletó e calças, encontrados não sei onde, que pareciam ser da mesma lã preta usada para a divisa dos fascistas, e talvez o fossem: fizera costurar armas na gola, filetes dourados no boné, ornatos e ordens nas mangas, e trazia no peito diversas medalhas.

Por outro lado, não era um tirano, e nem mesmo um mau administrador. Tinha o bom-senso de reprimir vexações, concussões e prepotências dentro de limites modestos, e possuía uma vocação inegável para a papelada. Ora, visto que os russos eram curiosamente sensíveis ao fascínio da papelada (da qual, todavia, escapava-lhes o eventual significado racional), e parecia que amavam a burocracia com aquele amor platônico e espiritual que não leva à posse e não a deseja, Rovi era benevolamente tolerado, se não mesmo estimado, no ambiente do Kommandantur. Além disso, era ligado ao capitão Egorov por um paradoxal, impossível vínculo de simpatia entre misantropos: pois, tanto um como o outro, eram indivíduos tristes, pesarosos, enfastiados e dispépticos, e, na euforia geral, buscavam o isolamento.

No campo de Bogucice encontrei Leonardo, já credenciado como médico, e assediado por uma clientela pouco rentável, mas muito numerosa: vinha comigo de Buna, e chegara a Katowice havia algumas semanas, seguindo caminhos menos intrincados do que os meus. Entre os Häftlinge de Buna, os médicos formavam um grande número, e bem poucos (praticamente apenas aqueles que dominavam a língua alemã, ou os mais exímios na arte da sobrevivência) conseguiram fazer-se reconhecer como tais pelo médico-chefe das SS. Por isso, Leonardo não desfrutara de qualquer tipo de privilégio: fora submetido aos mais duros trabalhos braçais, e vivera o seu ano de Lager de modo extremamente precário. Suportava com dificuldade a fadiga e o gelo, e fora internado diversas vezes na enfermaria, por edemas nos pés, feridas infectadas e debilitação geral. Por três vezes, em três seleções de enfermaria, fora escolhido para morrer no gás, e por três vezes a solidariedade de seus colegas no cargo haviam-no subtraído afortunadamente de seu destino. Possuía também, além da sorte, outra virtude essencial para aqueles espaços: uma ilimitada capacidade de resignação, uma coragem silenciosa, não nativa, não religiosa, não transcendente, mas deliberada e desejada a cada instante, uma paciência viril, que o mantinha milagrosamente à beira do colapso.

A enfermaria de Bogucice fora organizada na mesma escola que abrigava o Comando russo, em dois quartos bastante limpos. Fora criada do nada por Maria Fiódorovna: Maria era uma enfermeira militar de uns quarenta anos, parecida com um gato silvestre, pelos olhos oblíquos e selvagens, o nariz pequeno, e os movimentos ágeis e silenciosos. De resto, vinha dos bosques: nascera no coração da Sibéria.

Maria era uma mulher enérgica, brusca, intrujona e rápida. Arranjava os remédios, em parte, por caminhos normais da administração, retirando-os dos depósitos militares soviéticos, em parte, por meio dos múltiplos canais do mercado negro, em parte, ainda (e era a parte maior), cooperando ativamente no saque dos armazéns dos ex-Lager alemães, e das enfermarias e farmácias alemãs abandonadas, cujas reservas, por sua vez, eram fruto de saques anteriores realizados pelos alemães em todas as nações da Europa. Por isso, a cada dia, a enfermaria de Bogucice recebia fornecimentos sem plano ou método: centenas de caixas de especialidades farmacêuticas, trazendo etiquetas e instruções de uso em todas as línguas, que deviam ser separadas e catalogadas para um possível emprego.

Entre as coisas que aprendera em Auschwitz, uma das mais importantes foi a de que era necessário evitar sempre ser "um qualquer". Todas as portas se fecham para quem parece inútil, todas se abrem para quem exerce uma função, mesmo a mais insípida. Por isso, depois de ter me aconselhado com Leonardo apresentei-me a Maria, e propus-lhe os meus serviços como farmacêutico poliglota.

Maria Fiódorovna investigou-me com olhar esperto no medir um homem. Eu era *doktor*? Sim, eu era, sustentei, ajudado pelo equívoco do forte atrito linguístico: a siberiana, com efeito, não falava alemão, mas (mesmo não sendo judia) conhecia um pouco de ídiche, aprendido não sei onde. Eu não possuía um aspecto muito profissional ou muito atraente, mas, para permanecer num depósito, talvez eu pudesse agradar: Maria tirou do bolso um pedaço de papel bastante dobrado e perguntou o meu nome.

Quando, depois de "Levi", acrescentei "Primo", seus olhos verdes se iluminaram, primeiro cheios de suspeita, depois interrogativos, e, finalmente, benévolos. Mas então éramos quase parentes, explicou-me. Eu "Primo" e ela "Prima": "Prima" era seu sobrenome, a sua "família", Maria Fiódorovna Prima. Muito bem, podia pegar o serviço. Roupas e calçados? Ah, não era tarefa simples; falaria com Egorov e com algumas de suas conhecidas, talvez pudesse encontrar algo mais tarde. Rabiscou o meu nome num pedaço de papel, e entregou-me solenemente no dia seguinte o *propusk*, um salvo-conduto de aspecto bastante caseiro, que me autorizava a entrar e sair do campo, a qualquer hora do dia e da noite.

Eu morava num quarto com oito operários italianos, e todas as manhãs dirigia-me à enfermaria para trabalhar. Maria Fiódorovna dava-me centenas de caixas de diversas cores para classificar, e me dava pequenos presentes amigáveis: caixas de glicose muito bem-vindas; pastilhas de alcaçuz e de hortelã; cadarços de sapatos; outras vezes, um pacotinho de sal ou pó para pudins. Convidou-me uma noite para tomar chá no seu quarto, e observei que na parede da cama estavam penduradas oito fotografias de homens em uniforme: eram quase todos retratos de rostos conhecidos, ou seja, de soldados e oficiais do Kommandantur. Maria chamava-os todos familiarmente pelo nome, e falava deles com simplicidade afetuosa: conhecia-os havia anos, e fizera junto com eles a guerra.

Após alguns dias, visto que o trabalho de farmacêutico me deixava muito tempo livre, Leonardo me chamou para que o ajudasse no ambulatório. Nas intenções dos russos, este último deveria ser utilizado apenas pelos hóspedes do campo de Bogucice: na realidade, visto que o tratamento era gratuito e desprovido de qualquer formalidade, apresentaram-se, para pedir consultas ou medicamentos, militares russos, civis de Katowice, gente de passagem, mendigos, e figuras dúbias que não queriam ir ter com as autoridades.

Tanto Maria quanto o dr. Danchenko não tinham nada contra esse estado de coisas (Danchenko não tinha nunca nada contra nada, de nada se ocupava, a não ser cortejar as moças, com divertidas maneiras de grão-duque de opereta, e de manhã bem cedo, quando vinha ter conosco em rápida inspeção, estava já bêbado e cheio de alegria): contudo, algumas semanas mais tarde, Maria convocou-me e, com ar muito oficial, comunicou-me que, "por ordens de Moscou", era necessário que as atividades do ambulatório fossem submetidas a um minucioso controle. Portanto, eu deveria ter um registro, e anotar, todas as noites, o nome e a idade dos pacientes, suas doenças, e a qualidade e a quantidade dos medicamentos ministrados ou prescritos.

Em si mesma, a coisa parecia insensata; mas era necessário definir algumas particularidades práticas, que discuti com Maria. Por exemplo: como nos certificaríamos da identidade dos pacientes? Maria, entretanto, considerou dispensável a objeção: que eu escrevesse generalidades declaradas, "Moscou" certamente se contentaria com isso. Uma dificuldade, porém, veio à tona: em que língua devia fazer os registros? Não em italiano, francês, ou alemão, pois nem Maria nem Danchenko conheciam tais línguas. Então, em russo? Não, eu não conhecia o russo. Maria meditou, perplexa, depois iluminou-se, e exclamou: "Galina!". Galina resolveria a situação.

Galina era uma das meninas agregadas ao Kommandantur: conhecia o alemão, e assim poderia detalhar-lhe os relatórios em alemão, e ela os traduziria em russo durante a sessão. Maria mandou imediatamente chamar Galina (a autoridade de Maria, embora de natureza mal definida, parecia grande), e assim teve início nossa colaboração.

Galina tinha dezoito anos e era de Kazátin, na Ucrânia. Era morena, alegre e graciosa: tinha um rosto inteligente, traços sensíveis e pequenos, e dentre todas as suas colegas era a única que se vestia com uma certa elegância, e que tinha costas, mãos e pés de dimensões aceitáveis. Falava um alemão bastante bom: com o seu auxílio, os famosos relatórios eram trabalhosamente confeccionados noite após noite, com um pedaço de lápis, num maço de papel acinzentado que Maria entregara para mim como uma relíquia. Como se diz "asma" em alemão? e "tornozelo"?

e "luxação"?, e quais são os termos russos correspondentes? A cada escolha lexical éramos obrigados a parar, assaltados pela dúvida, e a recorrer a complicadas gesticulações, que terminavam em ressoantes risadas por parte de Galina.

Muito mais raramente da minha parte. Diante dela, eu me sentia fraco, doente e sujo; tinha dolorosa consciência de meu aspecto miserável, de minha barba malfeita, de minhas roupas de Auschwitz; tinha aguda consciência do olhar de Galina, ainda quase infantil, onde uma incerta piedade acompanhava uma definida repulsa.

Todavia, após algumas semanas de trabalho comum, estabelecera-se entre nós uma atmosfera de tênue confiança recíproca. Galina fez-me entender que a tarefa dos relatórios não era, afinal, tão séria, que Maria Fiódorovna era "velha e louca" e bastava-lhe que os papéis lhe fossem dados de volta, preenchidos de qualquer maneira, cobertos de escritos, e que o dr. Danchenko ocupava-se de outras coisas (conhecidas por Galina com extraordinária abundância de particulares) com a Ana, com a Tânia, com a Vassilissa, e que os relatórios interessavam-lhe "como a neve do ano passado". Assim, o tempo dedicado aos melancólicos deuses burocráticos foi se reduzindo, e Galina aproveitou os intervalos para contar-me a sua história, em fragmentos, pouco a pouco.

Em plena guerra, dois anos antes, sob o Cáucaso, onde se refugiara com a família, fora recrutada por aquele mesmo Kommandantur; recrutada da maneira mais simples, vale dizer, detida no caminho e conduzida ao Comando para escrever à máquina algumas cartas. Fora e ficara; não conseguira mais se desvencilhar (ou mais provavelmente, eu supunha, nem chegara sequer a tentar). O Kommandantur tornara-se a sua verdadeira família: seguira-o por dezenas de milhares de quilômetros, pelas retaguardas devastadas e ao longo da imensa fronteira, da Crimeia à Finlândia. Não tinha uma divisa, e nem sequer uma qualificação ou um grau, mas era útil a seus companheiros combatentes, era-lhes amiga, e por isso os seguia, porque havia guerra e cada um devia fazer a sua parte; o mundo além disso era grande e variado, e é belo passear pelo mundo quando somos jovens e despreocupados.

Galina não tinha sequer uma sombra de preocupação. Era vista, de manhã, indo ao tanque, com um saco de roupa branca em equilíbrio na cabeça, e cantando como uma cotovia; ou nos escritórios do Comando, descalça, batendo furiosamente na máquina de escrever; ou no domingo, passeando pelos bastiões, de braço dado com um soldado, nunca o mesmo; ou de noite na varanda, romanticamente raptada, enquanto um belga apaixonado, completamente esfarrapado, fazia-lhe uma serenata com a guitarra. Era uma garota do campo, rápida, ingênua, um pouco coquete, muito vivaz, não particularmente culta, não particularmente séria; e mesmo assim sentia-se agir nela a mesma virtude, a mesma dignidade dos seus companheiros-amigos-namorados, a dignidade de quem trabalha e sabe por quê, de quem combate e sabe ter razão, de quem tem a vida diante de si.

Em meados de maio, poucos dias após o final da guerra, veio despedir-se de mim. Partia: disseram-lhe que podia voltar para casa. Tinha a folha corrida? Tinha dinheiro para o trem? "Não", respondeu rindo, "nié nada, não é preciso, para essas coisas sempre damos um jeito." E desapareceu, sorvida pela vacuidade do espaço russo, pelos caminhos de seu imenso país, deixando atrás de si um perfume áspero de terra, juventude e felicidade.

Eu também tinha outras incumbências: ajudar Leonardo no ambulatório, naturalmente; e ajudar Leonardo no controle cotidiano dos piolhos.

Esse último serviço era necessário naquelas regiões e naqueles tempos, em que o tifo petequial serpenteava de modo endêmico e mortal. O encargo era pouco atraente: devíamos percorrer todos os barracões, e convidar cada um a se despir até a cintura e a nos mostrar a camisa, em cujas dobras e costuras os piolhos costumam fazer os seus ninhos e depositar os seus ovos. Aquele tipo de piolho possui uma pequena mancha vermelha no dorso: segundo um chiste, que era repetido incansavelmente pelos nossos clientes, esta, observada com adequado aumento, revelar-se-ia constituída por uma minúscula foice e um martelo. Chamam-se também a "infantaria", enquanto as pulgas são a artilharia; os mosquitos, a aviação; os percevejos, os paraquedistas; e os piolhos, os sapadores. Em russo chamam-se *vshi*: aprendi-o de Maria, que me dera o segundo maço, no qual deveria assinalar o número e o nome dos piolhentos do dia, e sublinhar em vermelho os reincidentes.

Os reincidentes eram raros, com a única e notável exceção de Ferrari. O Ferrari, a cujo sobrenome é adequado o artigo, porque era milanês, constituía um prodígio de inércia. Pertencia a um pequeno grupo de criminosos comuns, já prisioneiros em San Vittore, a quem em 1944 os alemães propuseram a escolha entre as prisões italianas e o trabalho na Alemanha, e optaram por este último. Eram aproximadamente quarenta, quase todos ladrões ou receptadores: constituíam um microcosmo fechado, variegado e turbulento, fonte perpétua de aborrecimentos para o Comando russo e para o contador Rovi.

Mas Ferrari era tratado por seus colegas com claro desprezo, e se encontrava, portanto, relegado a uma forçada solidão. Era um homenzinho de uns quarenta anos aproximadamente, magro e amarelo, quase calvo, e de expressão ausente. Passava seus dias deitado na maca, e era um leitor incansável. Lia tudo quanto lhe caía às mãos: jornais e livros italianos, franceses, alemães, poloneses. A cada dois ou três dias, no registro do controle, dizia-me: "Terminei aquele livro. Você pode me emprestar outro? Mas não em russo: você sabe que eu não entendo bem o russo". Não era um poliglota: aliás, era praticamente um analfabeto. Mas "lia" igualmente cada livro, da primeira à última linha, identificando, com satisfação, cada uma das letras, pronunciando-as num murmúrio, e reconstruindo trabalhosamente as palavras, sem se preocupar com o significado. Era o bastante para ele: como, em diferentes níveis, outros tinham gosto em resolver palavras cruzadas, ou integrar equações diferenciais, ou calcular as órbitas dos asteroides.

Era, pois, um indivíduo singular: e a sua história, contada com prazer e reportada abaixo, só fez confirmá-lo.

"Frequentei por muitos anos a escola dos ladrões de Loreto. Havia um manequim com guizos e uma carteira no bolso: era preciso tirá-la do bolso sem que os guizos tocassem, e eu jamais consegui fazer isso. Assim, não me autorizaram nunca a roubar: colocavam-me de vigia. Fiz o vigia por dois anos. Ganhava-se pouco e corria-se risco: não era um belo trabalho.

"Depois de muito pensar, um belo dia percebi que, com ou sem licença, se quisesse ganhar o pão precisava me arranjar por conta própria.

"Era o tempo da guerra, da retirada, do mercado negro, de uma multidão nos bondes. Estava no 2, em Porta Ludovica, porque naquelas bandas ninguém me conhecia. Perto de mim havia uma senhora com uma grande sacola; no bolso do sobretudo, dava para ver que havia uma carteira. Tirei a pinça, devagar devagar..."

Devo abrir um parêntese técnico. A pinça, explicou-me Ferrari, é um instrumento de precisão que se obtém quebrando em duas partes a lâmina de uma navalha comum. Serve para cortar as bolsas e os bolsos, por isso deve ser afiadíssimo. Ocasionalmente, serve também para acutilar, nas questões de honra; e é por isso que os acutilados são chamados também "pinçados".

"...devagar devagar, e comecei a cortar o bolso. Tinha quase terminado, quando uma mulher, mas não aquela do bolso, entende, mas uma outra, pôs-se a gritar: Pega ladrão, pega ladrão! Eu não estava fazendo nada contra ela, não me conhecia, como também não conhecia aquela do bolso. Não era da polícia, era uma que não tinha nada a ver com a história. O fato é que o bonde parou, me pegaram, acabei em San Vittore, daí na Alemanha, e da Alemanha aqui. Você vê? É o que pode acontecer quando se tomam certas iniciativas."

Desde então, Ferrari não tomou nenhuma iniciativa. Era o mais submisso e o mais dócil de meus pacientes: despia-se logo, sem protestar, mostrava a camisa com os infalíveis piolhos, e, na manhã seguinte, submetia-se à desinfecção, sem assumir ares de príncipe ofendido. Mas no dia seguinte os piolhos, sabe-se lá como, voltavam a aparecer. Era assim: não tomava mais iniciativas, não opunha mais resistência; nem sequer aos piolhos.

A minha atividade profissional comportava pelo menos duas vantagens: o *propusk* e uma alimentação melhor.

A cozinha do campo de Bogucice, para dizer a verdade, não era escassa: era-nos destinada a ração militar russa, que consistia num quilo de pão, duas sopas por dia, uma *kasha* (vale dizer, um prato com carne, toucinho, milho ou outros vegetais), e um chá à maneira russa, diluído, abundante e açucarado. Mas Leonardo e eu tínhamos que nos ressarcir dos prejuízos provocados por um ano de Lager: estávamos sempre dominados por uma fome descontrolada, e em boa parte psicológica, e a ração não nos bastava.

Maria nos autorizara a consumir o almoço na enfermaria. A cozinha da enfermaria era administrada por duas *maquisardes* parisienses, operárias não mais jovens, elas também sobreviventes do Lager, onde perderam os maridos; eram mulheres taciturnas e amarguradas, em cujos rostos, precocemente envelhecidos, os sofrimentos passados e recentes apareciam dominados e contidos pela enérgica consciência moral dos combatentes políticos.

Uma delas, Simone, servia em nosso refeitório. Servia a sopa uma e duas vezes. Depois me olhava, quase com apreensão: "Vous répétez, jeune homme?". Eu acenava timidamente que sim, com vergonha daquela minha voracidade animalesca. Sob o olhar severo de Simone, eu raramente ousava *répéter* uma quarta vez.

Quanto ao *propusk*, constituía mais um sinal de distinção social do que uma vantagem específica: de fato, qualquer um podia muito bem sair através do buraco nos arames farpados e ir para a cidade, livre como um pássaro do céu. Muitos ladrões, por exemplo, faziam assim, para exercer a sua arte em Katowice ou até mesmo mais longe: não voltavam mais, ou então voltavam para o campo após vários dias, declarando frequentemente outras generalidades, em meio à indiferença geral.

Todavia, o *propusk* permitia que nos dirigíssemos para Katowice evitando o longo percurso, na lama que circundava o campo. Com o retorno das forças e da boa estação, eu sentia igualmente cada vez mais viva a tentação de partir num cruzeiro para a cidade desconhecida: para que servia termos sido libertados, se ainda passávamos nossos dias numa moldura de arame farpado? Por outro lado, a população de Katowice olhava para nós com simpatia, e nos fora permitida entrada livre nos bondes e nos cinemas.

Falei uma noite com César, e decidimos nos dias sucessivos um programa, no qual uniríamos o útil ao agradável, vale dizer, os negócios com os passeios.

CÉSAR

CONHECI CÉSAR nos últimos dias do Lager, mas era um outro César. No campo de Buna, abandonado pelos alemães, o quarto dos infectados, no qual os dois franceses e eu conseguimos sobreviver e instaurar uma aparência de civilização, representava uma ilha de relativo bem-estar: na seção contígua, a seção dos disentéricos, a morte dominava incontestavelmente.

Através da parede de madeira, a poucos centímetros da minha cabeça, eu ouvia falar italiano. Uma noite, lançando mão das poucas energias que me restavam, decidi ir ver quem ainda vivia lá atrás. Percorri o corredor escuro e gelado, abri a porta e fui precipitado no reino do horror.

Era uma centena de beliches, a metade, pelo menos, ocupada pelos cadáveres hirtos de frio. Apenas duas ou três velas rompiam a escuridão. As paredes e o teto perdiam-se nas trevas, de tal modo que me parecia adentrar uma enorme caverna. Não havia nenhum tipo de aquecimento, com exceção dos hálitos infectados dos cinquenta doentes que viviam ainda. Apesar do gelo, o mau cheiro das fezes e da morte eram tão intensos que impediam a respiração, sendo preciso forçar os próprios pulmões para obrigá-los a receber aquele ar viciado.

Mesmo assim, cinquenta viviam ainda. Estavam aninhados debaixo das cobertas; alguns gemiam ou gritavam, outros desciam com dificuldade dos beliches para evacuar no pavimento. Gritavam nomes, rezavam, imprecavam, imploravam ajuda em todas as línguas da Europa.

Arrastei-me tateando ao longo de um dos corredores, por entre os beliches de três andares, tropeçando e cambaleando, às escuras, no estrato de excrementos gelados. Ouvindo os meus passos, os gritos redobraram. Mãos aduncas saíam de sob as cobertas, seguravam-me pelas roupas, tocavam-me, frias, o rosto, tentavam impedir-me o caminho. Cheguei, afinal, à parede divisória; ao fundo do corredor encontrei quem eu buscava. Eram dois italianos num único beliche, formando um emaranhado para se defender do gelo: César e Marcelo.

Conhecia bem Marcelo. Vinha de Cannaregio, antiquíssimo gueto de Veneza, estivera em Fossoli comigo, e passara o Brenner no vagão contíguo ao meu. Estava sadio e forte, e, até as últimas semanas do Lager, portara-se com bravura, suportando valorosamente a fome e o cansaço: mas o frio do inverno o vencera. Não falava mais e eu mesmo, sob a chama do fósforo que acendi, tive dificuldade para reconhecê-lo: o rosto amarelo e negro da barba, todo nariz e dentes, os olhos brilhantes e dilatados pela alucinação, fixando o vazio. Para ele havia pouco a fazer.

César, ao contrário, eu o conhecia havia pouco tempo, pois chegara a Buna de Birkenau alguns meses antes. Pediu água antes da comida: água, pois fazia quatro dias que não bebia e a febre o queimava e a disenteria o esvaziava. Trouxe-lhe água, junto com os restos da nossa sopa, e eu não sabia que estava construindo as bases de uma longa e singular amizade.

As suas capacidades de melhora deviam ser extraordinárias, pois o encontrei no campo de Bogucice dois meses depois, não somente curado, mas pouco menos do que vivaz e saltitante como um grilo; era também o sobrevivente de uma outra aventura, que fora a prova derradeira das naturais qualidades de seu engenho, consolidadas na dura escola do Lager.

Após a chegada dos russos, ele também fora internado entre os doentes, em Auschwitz, mas como a sua doença não era grave, e a sua fibra robusta, recuperou-se rapidamente; aliás, demasiadamente rápido. Por volta de meados de março, as tropas alemãs em marcha concentraram-se ao redor de Breslávia e tentaram uma última e desesperada contraofensiva na direção da bacia mineira silesiana. Os russos foram surpreendidos: supervalorizando, talvez, a iniciativa adversária, haviam se apressado em preparar uma linha defensiva. Era necessária uma longa trincheira antitanques que obstruísse o vale do Oder, entre Oppeln e Gleiwitz: os braços eram escassos, a obra colossal, a necessidade urgente, e os russos agiram segundo os seus costumes, de modo extremamente rápido e sumário.

Certa manhã, por volta das nove, os soldados russos bloquearam repentinamente algumas ruas centrais de Katowice. Em Katowice, e em toda a Polônia, faltavam homens: a população masculina ativa desaparecera, prisioneira na Alemanha e na Rússia, dispersa entre os grupos de franco-atiradores, massacrada na batalha, nos bombardeios, nas represálias, no Lager, nos guetos. A Polônia era um país de luto. Um país de velhos e de viúvas. Às nove da manhã, havia apenas mulheres na rua: donas de casa com a bolsa ou o carrinho, à procura de víveres e de carvão nas lojas e nas feiras. Os russos ordenaram que formassem fila, com a bolsa e os pertences, e as conduziram até a estação, enviando-as para Gleiwitz.

Simultaneamente, ou seja, cinco ou seis dias antes que eu lá chegasse com o grego, haviam cercado, inesperadamente, o campo de Bogucice: gritavam como canibais e atiravam para o alto, com o fito de amedrontar quem tentasse fugir. Mandaram calar a boca, sem muita cerimônia, os colegas tranquilos do Kommandantur, que timidamente procuraram intervir, penetraram no campo com a metralhadora nos quadris, e ordenaram que todos saíssem dos barracões.

Na praça principal do campo, ocorrera uma espécie de versão caricatural das seleções alemãs. Uma versão bem menos sanguinolenta, já que se tratava de ir ao trabalho e não à morte; em compensação, mais caótica e extemporânea.

Enquanto alguns soldados iam aos barracões para desalojar os renitentes, e os perseguiam numa corrida louca, quase num grande jogo de esconde-esconde, outros colocavam-se à porta e examinavam, um por um, os homens e as mulheres que, pouco a pouco, eram-lhes trazidos pelos caçadores, ou que se apresentavam espontaneamente. A declaração se *bolnói* ou *zdoróvyi* ("doente" ou "são") era pronunciada colegialmente, por aclamação, não sem disputas rumorosas nos casos controversos.

Os *bolnói* eram mandados de volta aos barracões; os *zdoróvyi* colocados em fila de frente para o arame farpado.

César estivera entre os primeiros a compreender a situação ("para dar no pé", dizia), conduzira-se com elogiável perspicácia e por pouco não conseguira se livrar: escondera-se no depósito de lenha, lugar em que ninguém havia pensado, e permanecera até o fim da caçada, silencioso e firme debaixo dos pequenos troncos, em cima dos quais fizera cair um espaldar. E eis que um sujeitinho qualquer, em busca de abrigo, fora esconder-se lá dentro, atraindo o russo que o seguia. César fora apanhado e declarado são: por pura represália, porque, no meio da lenha, parecia um Cristo na cruz, ou melhor, um aleijado e um demente, e comoveria até mesmo uma pedra: tremia, fizera aflorar a baba na boca e caminhava todo torto, mancando, arrastando uma perna, com os olhos estrábicos e endemoniados. Mesmo assim o haviam agregado à fila dos sãos: após alguns segundos, com uma fulminante inversão tática, tentara correr e voltar para o campo pelo buraco no fundo. Mas fora alcançado, recebendo um tapa e um chute nas canelas, e se conformara com a derrota.

Os russos levaram-nos um pouco além de Gleiwitz, a pé, por mais de trinta quilômetros; lá os acomodaram como puderam em estábulos e palheiros, e os fizeram viver uma vida de cachorro. Comer pouco, e dezesseis horas por dia de pique e de pá, com sol ou chuva, com o russo por perto e com a metralhadora apontada: os homens na trincheira, e as mulheres (aquelas do campo e as polonesas encontradas pelo caminho) descascando batatas, trabalhando na cozinha e na limpeza.

Era duro; mas para César, mais do que o trabalho e a fome, afligia-o a humilhação. Fazer-se castigar assim, como um novato, ele que tivera uma banca em Porta Portese! Todo Trastevere teria rido dele. Era preciso que se reabilitasse.

Trabalhou três dias; no quarto, trocou pão por dois charutos. Comeu um charuto; e dissolveu o outro dentro d'água, mantendo-o, durante a noite, debaixo da axila. No dia seguinte estava pronto para fazer o exame médico: tinha tudo de que precisava, uma febre cavalar, cólicas horríveis, vertigens, vômito. Obrigaram-no a ficar de cama, até que a intoxicação desaparecesse; depois, à noite, saiu calmamente, e voltou a Bogucice, em pequenas paradas, com a consciência tranquila. Encontrei a maneira de alojá-lo no meu quarto, e não nos separamos mais até a viagem de volta.

"Estamos aqui novamente", disse César vestindo as calças, com o rosto fechado, quando, poucos dias após a sua volta, a paz noturna do campo fora dramaticamente interrompida. Era um pandemônio, uma explosão: soldados russos corriam em todas as direções pelos corredores, batiam nas portas dos quartos com a coronha das metralhadoras, gritando comandos alterados e incompreensíveis; pouco depois chegou o estado-maior, Maria, de rolinhos, Egorov e Danchenko, vestidos pela metade, seguidos pelo contador Rovi, confuso e sonolento, trajando uniforme. Era preciso estar de pé e vestir-se imediatamente. Por quê? Voltaram os alemães? Iam nos transferir? Ninguém sabia de nada.

Conseguimos, afinal, capturar Maria. Não, os alemães não haviam rompido o front, mas a situação era igualmente muito grave. *Inspéktsia*: naquela mesma manhã chegara um general, de Moscou, para inspecionar o campo. Todo o Kommandantur estava tomado de pânico e desespero, num estado de alma do *dies irae*.

O intérprete de Rovi galopava de um quarto para outro, vociferando ordens e contraordens. Apareceram vassouras, farrapos, baldes; estavam todos mobilizados, era preciso limpar os vidros, fazer desaparecer as imundícies, varrer o chão, limpar as maçanetas, tirar as teias de aranha. Todos se puseram a trabalhar, bocejando e praguejando. Passaram as duas, as três, as quatro da madrugada.

Por volta do amanhecer, começamos a ouvir falar de *ubórnaia*: a latrina do campo representava realmente um grande problema.

Era um edifício em construção, situado no meio do campo, amplo, vistoso, impossível de esconder ou mascarar. Havia meses ninguém se ocupava da limpeza e da manutenção: na parte interna, o chão estava submerso por um palmo de sujeira estagnante, tanto que havíamos fixado na terra grandes pedras e tijolos, e, para entrar, era preciso saltar de um para outro, em equilíbrio precário. Das portas e das fendas dos muros o líquido transbordava, atravessava o campo sob a forma de um riacho fétido, e se perdia pelo vale em meio aos prados.

O capitão Egorov, que suava sangue e que perdera completamente a cabeça, escolheu entre nós uma corveia de dez homens e os mandou ao local com vassouras e baldes de cloro, com a ordem de fazer a limpeza. Mas era claro, até para uma criança, que dez homens, ainda que munidos de instrumentos adequados, e não somente de vassouras, levariam pelo menos uma semana; e quanto ao cloro, todos os perfumes da Arábia não teriam sido suficientes para sanear o local.

Não raro de um choque entre duas necessidades nascem decisões insensatas, justamente onde seria mais sábio deixar que o dilema se resolvesse por virtude própria. Uma hora mais tarde (e todo o campo zumbia parecendo uma colmeia perturbada), a corveia foi reconvocada e vimos chegar os doze soldados da reserva do comando, com madeiras, pregos, martelos e rolos de arame farpado. Num piscar de olhos, todas as portas e janelas da escandalosa latrina foram fechadas, trancadas, lacradas, com tábuas de abeto, de três dedos de espessura, e todas as paredes, até o teto, foram cobertas por um emaranhado inextricável de arame farpado. A decência estava salva: o mais diligente dos inspetores não poderia materialmente pôr os pés lá dentro.

Chegou meio-dia, chegou a noite, e nenhuma notícia do general. Na manhã seguinte, falava-se um pouco menos; no terceiro dia, já não se falava mais a tal respeito; os russos do Kommandantur voltaram à sua habitual e benéfica incúria e desleixo; duas tábuas foram despregadas da porta de trás da latrina, e tudo voltou à ordem.

Um inspetor chegou, todavia, algumas semanas mais tarde; chegou para verificar o andamento do campo, mais precisamente as cozinhas, e não era um general, mas um capitão que trazia uma faixa com a sigla NKVD [polícia secreta soviética], de fama ligeiramente sinistra. Veio, e deve ter considerado particularmente agradáveis as suas funções, ou talvez as meninas do Kommandantur, ou os ares da Alta Silésia, ou a proximidade dos cozinheiros italianos: porque nunca mais foi embora, e permaneceu para inspecionar a cozinha todos os dias até junho, quando partimos, sem exercer visivelmente nenhuma outra atividade útil.

A cozinha, administrada por um bárbaro cozinheiro de Bérgamo e por um número impreciso de assistentes voluntários, gordos e reluzentes, situava-se imediatamente fora da habitação, e era constituída por um barracão ocupado, quase por inteiro, por dois grandes panelões, apoiados sobre fornos de cimento. Entrava-se por duas escadas, e não havia porta.

O inspetor realizou a sua primeira inspeção com muita dignidade e seriedade, tomando notas numa caderneta. Era um judeu de uns trinta anos, alto e desengonçado, com um belo rosto ascético de Dom Quixote. Mas no segundo dia conseguira, sabe-se lá onde, uma motocicleta, e foi tomado por um amor tão ardente, que desde então não foram mais vistos separados.

A cerimônia da inspeção tornou-se um espetáculo público, ao qual assistiam sempre mais numerosos os cidadãos de Katowice. O inspetor chegava por volta das onze como um furacão: freava bruscamente com um terrível estridor, e, girando sobre a roda dianteira, fazia com que a posterior desse uma guinada de um quarto de círculo. Sem se deter, dirigia-se à cozinha, de cabeça baixa, como se carregasse um touro; subia os dois degraus com saltos assustadores; fazia dois 8 apressados, com o escapamento aberto, cumprimentava militarmente o público com um sorriso radiante, curvava-se sobre o guidão, e desaparecia numa nuvem de fumaça esverdeada e ruidosa.

O jogo correu bem por várias semanas; depois, um dia, não se viu mais a motocicleta e o capitão. Este se encontrava num hospital, com uma perna quebrada; aquela estava nas mãos amorosas de um cenáculo de aficionados italianos. Mas logo foram vistos em circulação: o capitão fizera adaptar um pequeno consolo na estrutura, onde apoiava a perna engessada, em posição horizontal. O seu rosto de nobre palidez exprimia uma felicidade extática; isso feito, retomou com ímpeto pouco reduzido as suas inspeções.

Somente com a chegada de abril, quando as últimas neves degelaram, e quando o sol ameno fez secar a lama polonesa, começamos a nos sentir realmente livres. César já estivera na cidade por diversas vezes, e insistia para que o acompanhasse em suas expedições: decidi-me a superar, afinal, a inércia, e partimos juntos para uma esplêndida jornada de primavera.

A pedido de César, a quem interessava a experiência, não saímos pelo buraco no arame farpado. Saí primeiro, pela porta grande; a sentinela perguntou o meu nome, e depois me pediu o salvo-conduto, que logo apresentei. Verificou: o nome correspondia. Dobrei a esquina, e, através do arame farpado, passei o pequeno retângulo de papelão para César. A sentinela perguntou a César o seu nome; César respondeu: "Primo Levi". Pediu-lhe o salvo-conduto: o nome correspondia novamente e César saiu em plena legalidade. Não que César se preocupasse em agir legalmente: mas ele apreciava as elegâncias, os virtuosismos, passar o próximo para trás sem o fazer sofrer.

Entramos em Katowice alegres como estudantes em férias, mas o nosso humor despreocupado contrastava a cada passo com o cenário em que nos movíamos. A cada passo topávamos com os vestígios da impressionante tragédia, que nos tocara e miraculosamente nos poupara. Túmulos a cada esquina, túmulos mudos e apressados, sem cruz, mas encimados pela estrela vermelha, dos militares soviéticos mortos em combate. Um interminável cemitério de guerra num parque da cidade, cruzes e estrelas comunistas, e quase todas trazendo a mesma data: a data da batalha pelas ruas, ou, talvez, do último extermínio alemão. No meio da rua principal, três, quatro tanques alemães, aparentemente intactos, transformados em troféus e monumentos; o prolongamento ideal do canhão de um deles apontava para um enorme furo, a meia parede da casa da frente: o monstro morrera destruindo. Por toda a parte ruínas, esqueletos de cimento, traves de madeira carbonizadas, barracões de zinco, gente em farrapos, de aspecto selvagem e famélico. Nos cruzamentos importantes, sinais de trânsito fincados pelos russos, contrastando curiosamente com a nitidez e a precisão pré-fabricada dos análogos sinais alemães, e daqueles americanos que veríamos depois: tábuas toscas de madeira, com seus garranchos escritos à mão, com alcatrão, em caracteres cirílicos desiguais; Gleiwitz, Cracóvia, Czenstochowa: aliás, visto que o nome era muito grande, "Czenstoch" numa tábua, e depois "owa" numa outra menor, pregada embaixo.

Apesar de tudo, a cidade ainda vivia, após anos de pesadelo da ocupação nazista e do furacão da passagem do front. Muitas lojas e cafés estavam abertos; proliferava abertamente o livre mercado; funcionavam os bondes, as minas de carvão, as escolas, os cinemas. Naquele primeiro dia, nenhum de nós tendo dinheiro, contentamo-nos com uma visita de reconhecimento. Após algumas horas de marcha naquele ar pungente, a nossa fome crônica tornara-se aguda: "Vamos", disse César, "vamos comer".

Levou-me ao mercado, na área onde se encontravam as banquinhas das frutas. Sob os olhos malévolos da vendedora, pegou na primeira banca um morango, um só, mas bem grande, e o mastigou lentamente, com ares de entendido, depois balançou a cabeça: "Nié dobre", disse severamente. ("É polonês", explicou-me; "quer dizer que não são bons.") Passou à banca seguinte, e repetiu a cena; e assim com todas até a última. "Ei! Está esperando o quê?", falou-me com cínica arrogância: "Se você está com fome, faz como eu".

Certamente, não era com a técnica dos morangos que terminariam os nossos problemas: César compreendera a situação, ou seja, que era o momento de se dedicar seriamente ao comércio.

Explicou-me o seu sentimento: tinha amizade por mim, e não me pedia nada; se eu quisesse, podia ir ao mercado com ele, para dar-lhe uma ajuda e aprender o ofício, mas era indispensável que ele encontrasse um verdadeiro sócio, que dispusesse de um pequeno capital inicial e de uma certa experiência. Para dizer a verdade, ele já o encontrara, um certo Giacomantonio, de expressão desonesta, seu velho conhecido de San Lorenzo. A forma da sociedade era extremamente simples: Giacomantonio compraria, ele venderia, e ambos dividiriam os lucros em partes iguais.

Comprar o quê? Tudo, respondeu: tudo que calhasse. Conquanto tivesse pouco mais de vinte anos, César ufanava-se de uma preparação mercadológica surpreendente, comparável àquela do grego. Mas, ultrapassadas as analogias superficiais, me dei conta de que entre ele e o grego havia um abismo. César tinha um grande calor humano, sempre, em todas as horas de sua vida, e não só fora do horário como Mordo Nahum. Para César o "trabalho" era, de quando em quando, uma desagradável necessidade, ou uma divertida ocasião para encontros, e não uma gélida obsessão, nem uma luciferina afirmação de si mesmo. Um era livre, o outro escravo de si; um avaro e racional, o outro pródigo e caprichoso. O grego era um lobo solitário, numa eterna guerra contra todos, velho antes do tempo, fechado no círculo de sua triste ambição; César era um filho do Sol, amigo de todos, e não conhecia ódio nem desprezo, era variável como o céu, alegre, astuto e ingênuo, temerário e cauto, muito ignorante, muito inocente e muito cortês.

No negócio com Giacomantonio eu não quis entrar, mas aceitei de bom grado o convite de César para o acompanhar algumas vezes ao mercado, como aprendiz, intérprete e carregador. Aceitei-o não só por amizade, e para fugir do tédio do campo, mas sobretudo porque assistir às empresas de César, mesmo às mais modestas e triviais, constituía uma experiência única, um espetáculo vivo e um fortificante, que me reconciliava com o mundo, e reacendia em mim a alegria de viver que Auschwitz apagara.

Uma virtude como aquela de César é boa em si mesma, em sentido absoluto; é suficiente para conferir nobreza a um homem, para resgatar-lhe muitos defeitos eventuais, para salvar-lhe a alma. Mas ao mesmo tempo, e num plano mais prático, constitui uma reserva preciosa para quem deseja exercer o comércio em praça pública: com efeito, ao fascínio de César ninguém era insensível, nem os russos do comando, nem os companheiros aborrecidos do campo, nem os cidadãos de Katowice que frequentavam o mercado. Ora, além disso, é claro que, nas duras leis do comércio, toda vantagem para quem vende é desvantajosa para quem compra, e vice-versa.

Abril terminava, e o sol já se tornara quente e forte, quando César veio esperar-me após o fechamento do ambulatório. O seu sócio patibular dera uma série de golpes brilhantes: comprara por cinquenta zloty, no total, uma caneta esferográfica que não escrevia, um cronômetro e uma camisa de lã em condições razoáveis. Esse Giacomantonio, esperto receptador, tivera a excelente ideia de se colocar de plantão na estação de Katowice, à espera dos comboios russos que voltavam da Alemanha: aqueles soldados, desmobilizados e a caminho de casa, eram os mais fáceis negociantes que se pudesse imaginar. Cheios de alegria, despreocupação, despojos, não conheciam as cotações locais e precisavam de dinheiro.

Por outro lado, gostava de passar algumas horas na estação, sem qualquer finalidade, somente para assistir ao extraordinário espetáculo do Exército Vermelho sendo repatriado: espetáculo ao mesmo tempo coral e solene, semelhante a uma migração bíblica, e errante e variegado como se fosse uma viagem de saltimbancos. Paravam em Katowice longos comboios de vagões de carga, destinados ao comboio militar: estavam aparelhados para viajar meses, talvez até o Pacífico, e hospedavam desordenadamente milhares de militares e civis, homens e mulheres, ex-prisioneiros, alemães agora prisioneiros; e, além disso, mercadorias, mobília, animais, peças industriais desmontadas, víveres, material bélico, sucata. Eram aldeias ambulantes: alguns vagões guardavam o que era necessário para um núcleo familiar: uma ou duas camas de casal, um armário com espelhos, um aquecedor, um rádio, cadeiras e mesas. Entre um vagão e outro, viam-se fios elétricos improvisados, provenientes do primeiro vagão, que possuía um gerador, e que serviam para a iluminação e, ao mesmo tempo, para pendurar a roupa (e para sujá-la de fuligem). Quando, pela manhã, se abriam as portas corrediças, do fundo daqueles interiores domésticos assomavam homens e mulheres meio vestidos, com rostos grandes e cheios de sono: olhavam à sua volta, transtornados, sem saber exatamente em que ponto do mundo se encontravam; desciam depois para se lavar com a água fria dos hidrantes, e vendiam tabaco e folhas do *Pravda* para enrolar cigarros.

Fui ao mercado com César, que tinha intenção de revender (quem sabe até para os próprios russos) os três objetos acima descritos. O mercado perdera o seu primitivo caráter de feira das misérias humanas. O racionamento fora abolido, ou melhor, caíra em desuso; da planície opulenta circunvizinha, chegavam as carroças dos camponeses com quintais de toucinho e de queijo, ovos, frangos, açúcar, frutas, manteiga: jardim de tentações, desafio cruel à nossa fome obsessiva e à nossa falta de dinheiro, incitamento imperioso para que o providenciássemos.

César vendeu a caneta na primeira tentativa, por vinte zloty, sem discussão. Não precisava absolutamente de intérprete: falava somente italiano, aliás, dialeto romano, aliás, a gíria do gueto de Roma, constelado de vocábulos hebraicos estropiados. Certamente não tinha outra escolha, pois não conhecia outras línguas: mas, à sua revelia, essa ignorância jogava fortemente a seu favor. César "jogava no seu campo", para falar em termos esportivos: em compensação, os seus clientes, ocupados em interpretar a sua fala incompreensível e os seus gestos nunca vistos, perdiam a necessária concentração; faziam-se contraofertas, César não as compreendia, ou fingia, obstinadamente, não as compreender.

A arte do charlatão não é tão difundida como eu pensava: o público polonês parecia ignorá-la, e estava encantado. De mais a mais, César era um bufão de primeira: agitava a camisa ao sol, segurando-a fortemente pelo colarinho (atrás do colarinho havia um buraco, mas César segurava-a com as mãos exatamente no ponto em que havia o buraco), e proclamava o elogio da camisa com eloquência torrencial, com observações e divagações inéditas e insípidas, apostrofando este ou aquele em meio ao público, com epítetos obscenos que inventava na hora.

Interrompeu-se bruscamente (conhecia por instinto o valor oratório das pausas), beijou a camisa com afeto, e depois, com voz resoluta e ao mesmo tempo comovida, como se seu coração chorasse na separação, e fosse induzido somente por amor ao próximo: "Você, pançudo", disse, "quanto você dá por esta cochuleta?".

O pançudo ficou embaraçado. Olhava a "cochuleta" com desejo, de soslaio, um pouco esperando e um pouco temendo que alguém mais fizesse a primeira oferta. Depois caminhou, hesitante, estendeu a mão incerta e murmurou algo como "pingísci". César recuou a camisa para o peito, como se tivesse visto uma serpente. "O que é que ele disse?", perguntou-me, como se suspeitasse ter recebido uma ofensa mortal; mas era uma pergunta retórica, visto que reconhecia (ou adivinhava) os números poloneses mais rapidamente do que eu.

"Está maluco", disse, peremptório, levando o indicador à têmpora e girando-o como se fosse uma broca. O público comentava e ria, torcendo visivelmente pelo estrangeiro fantástico, vindo dos confins do mundo, a produzir portentos em suas praças. O pançudo ficou de boca aberta, balançando como um urso de um pé para o outro. "Du ferík", tornou César, impiedoso (queria dizer "verrückt"); depois, para maior esclarecimento, acrescentou: "Du meschuge". Explodiu um furacão de risos selvagens: todos compreenderam a palavra. *Meschuge* é um termo hebraico que sobrevive no ídiche, e que, portanto, é compreendido em toda a Europa Central e Oriental: significa "louco", mas contém a ideia acessória de loucura vazia, melancólica, estúpida e lunar.

O pançudo coçava a cabeça e puxava as calças, embaraçado. "Sto", disse depois, buscando a paz: "Sto zlotych, cem zloty."

A oferta era interessante. César, um tanto mais calmo, dirigiu-se ao pançudo, de homem para homem, e com voz persuasiva, para o convencer de uma sua involuntária, mas grosseira transgressão. Falou-lhe longamente, com o coração aberto, com calor e confiança, dizendo-lhe: "Está vendo? Entendeu? Tudo bem?".

"Sto zlotych", respondeu aquele, obstinado.

"Um cabeça-dura!", disse-me César. Depois, como tomado por um inesperado cansaço, e numa derradeira tentativa de acordo, pôs-lhe a mão nas costas, e lhe falou maternalmente: "Ouve. Ouve, compadre. Você não entendeu bem. Vamos fazer um acordo. Você me dá isso", e desenhou 150 com o dedo no ventre, "você me dá Sto Pinguiço, e eu deixo mole para você. Tudo bem?".

O pançudo resmungava e dizia não com a cabeça, os olhos voltados para baixo; mas o olho clínico de César observara o sinal de capitulação: um movimento imperceptível da mão para o bolso posterior das calças.

"Vamos lá, pega 'esses pinguços'!", insistiu César, batendo o ferro enquanto estava quente. Os pinguços (o termo polonês, de árdua grafia, mas de assonância tão curiosamente nossa, fascinava a César e a mim) foram, enfim, tirados, e a camisa vendida; mas logo César me arrancou energicamente de minha admiração ex-tática.

"Ai, amigo, vamos sair de mansinho, porque eles vão achar o buraco." Assim, por temor de que o cliente descobrisse prematuramente o buraco, saímos de mansinho (isto é, nos despedimos), renunciando a oferecer o invendável cronômetro. Caminhamos com digna lentidão até a esquina mais próxima, e depois fugimos por uma ruela com a maior rapidez que as pernas nos permitiam, e voltamos ao campo por vias oblíquas.

VICTORY DAY

A VIDA NO CAMPO DE BOGUCICE, o ambulatório e o mercado, as relações humanas rudimentares com os russos, poloneses e outros, as rápidas alternâncias de fome com barriga cheia, as esperanças de regresso e as desilusões, as esperas e as incertezas, a caserna e os expedientes, quase uma forma desgastada de vida militar num ambiente provisório e estrangeiro, suscitava em mim mal-estar, nostalgia e, principalmente, tédio. Era, entretanto, congenial aos hábitos, ao caráter e às aspirações de César.

Em Bogucice, César voltava a florescer, visivelmente, dia após dia, como uma árvore pela qual sobe a linfa de primavera. Tinha agora um lugar fixo no mercado e uma clientela, que ele próprio convocara do nada: a Bigoduda, a Pele-e-Osso, Chatinho, Carrocinha, Folha-Corrida, Frankenstein, uma menina formosa, que ele chamava O Tribunal, e vários outros. No campo, desfrutava de um prestígio inquestionável: brigara com Giacomantonio, mas muitos outros confiavam-lhe mercadorias para serem vendidas, sem contrato, na base da pura confiança, de modo que dinheiro não lhe faltava.

Uma noite desapareceu: não se apresentou no campo para o jantar, e nem sequer no quarto de dormir. Naturalmente, não dissemos nada a Rovi, e muito menos aos russos, para não criar complicações; todavia, quando a ausência se prolongou por três dias e três noites, eu, que por natureza não sou muito apreensivo, e muito menos podia sê-lo no que se refere a César, comecei também a experimentar uma ligeira inquietação.

César voltou ao amanhecer do quarto dia, em mau estado, intratável, como um gato que sobreviveu a uma briga nos telhados. Tinha os olhos moídos, no fundo dos quais brilhava, todavia, uma luz selvagem. "Deixem-me perder", disse logo ao entrar, ainda que ninguém lhe tivesse perguntado nada, e a maior parte ainda roncasse. Atirou-se na enxerga, ostentando uma prostração extrema; mas após alguns minutos, não resistindo às grandes novidades que se agitavam dentro de si, veio ter comigo, quando eu acabara de acordar. Rouco e perturbado, como se tivesse dançado por três noites com as bruxas, disse-me: "Tudo bem. Arrumei uma panhinca".

Para mim a notícia não se mostrou particularmente entusiasmante. Ele não era o primeiro: já diversos italianos, especialmente entre os militares, arranjaram uma namorada na cidade: uma vez que *panhinca* é o análogo correspondente a *sinhorita*, e igualmente deformado no som.

Não era uma empresa muito árdua, porque os homens eram escassos na Polônia, e muitos eram os italianos que se haviam "arranjado", incitados não apenas pelo mito amatório nacional, mas também por uma necessidade mais profunda e séria, pela nostalgia de uma casa e de um afeto. Como consequência, em alguns casos, o cônjuge falecido ou distante fora substituído não apenas no coração e na cama da mulher, mas em todas as suas funções, e víamos os italianos descerem com os poloneses às minas de carvão, para levar dinheiro "para casa"; trabalhando no balcão da loja; ou compondo estranhas famílias, passeando decorosamente, aos domingos, pelos bastiões; um italiano com a polonesa, de braços dados, e um menino bastante louro pela mão.

Mas, precisou-me César, o seu caso era diferente (todos são sempre diferentes, pensava eu, bocejando). A sua panhinca era belíssima, solteira, elegante, limpa, apaixonada por ele, e também econômica. Era ainda muito experiente. Tinha apenas o defeito de falar polonês. Por isso, se eu era realmente seu amigo, devia ajudá-lo.

Não estava em condições de ajudá-lo, expliquei da melhor maneira. Em primeiro lugar, não sabia mais do que trinta palavras em polonês; em segundo lugar, a terminologia sentimental, de que ele precisava, eu a desconhecia completamente; em terceiro lugar, não me sentia com ânimo adequado para tanto. Mas César não se deu por vencido: talvez a moça entendesse alemão. Ele tinha em mente um programa bastante preciso; por isso, que lhe fizesse o santo favor de não praticar obstrucionismo, e de explicar-lhe como se dizia em alemão isto e aquilo.

César supervalorizava os meus conhecimentos linguísticos. As coisas que queria saber de mim não se aprendem em nenhum curso de alemão, e muito menos tivera eu a oportunidade de as aprender em Auschwitz; por outro lado, eram questões sutis e peculiares, tanto que desconfio que elas não existam em nenhuma outra língua, além do italiano e do francês.

Eu lhe expus essas minhas dúvidas, mas César me olhou irritado. Eu estava sabotando, era claro: era pura inveja. Tornou a pôr os sapatos, e saiu resmungando. Voltou depois do meio-dia e me lançou um belo dicionário de bolso italiano-alemão, comprado por vinte zloty no mercado. "Aqui tem tudo", disse-me, com ar de quem não admite outras discussões e cavilações. Não havia tudo, infelizmente; faltava, aliás, o essencial, aquilo que uma misteriosa convenção elimina do universo das coisas impressas; dinheiro jogado fora. César partiu novamente, desiludido com a cultura, com a amizade e com as coisas impressas.

Desde então, reapareceu raras vezes no campo: a panhinca fomentava generosamente todas as suas necessidades. No final de abril, desapareceu durante uma semana. Ora, aquele não era o final de um abril qualquer: era o ano memorável de 1945.

Não estávamos, infelizmente, em condições de compreender os jornais poloneses: mas, o corpo dos títulos, que crescia com o passar dos dias, os nomes que podíamos ler, o ar que respirávamos nas ruas e no Kommandantur, tudo isso nos fazia compreender que a vitória estava próxima. Líamos "Viena", "Koblenz", "Reno"; depois "Bolonha"; depois, com entusiasmo comovido, "Turim" e "Milão". Enfim, Mussolini, em letras garrafais, seguido por um assombroso e indecifrável particípio passado; e por último, em tinta vermelha, ocupando meia página, o anúncio definitivo, críptico e exultante: BERLIN UPADL!

Aos 30 de abril, Leonardo, eu e poucos outros detentores de um salvo-conduto fomos chamados pelo capitão Egorov: com um curioso ar manhoso e embaraçado, que não conhecíamos nele, nos fez dizer por um intérprete que deveríamos dar-lhe de volta o *propusk*: receberíamos no dia seguinte um novo. Naturalmente, não acreditamos nele, mas tivemos de lhe dar de volta o cartão de identidade. A ordem pareceu-nos absurda e ligeiramente vexatória, e só fez aumentar em nós a ânsia e a espera; mas no dia seguinte compreendemos o porquê.

O dia seguinte era o 1º de maio; no dia 3 de maio, festejava-se não sei qual importante solenidade polonesa; no dia 8 de maio, a guerra terminou. A notícia, embora esperada, explodiu como um furacão: durante oito dias, o campo, o Kommandantur, Bogucice, Katowice, toda a Polônia e todo o Exército Vermelho explodiram num paroxismo de entusiasmo delirante. A União Soviética é um gigantesco país, e hospeda, em seu coração, fermentos gigantescos: dentre os quais, uma capacidade homérica de alegria e de abandono, uma vitalidade primordial, um talento pagão, não contaminado, para as manifestações, as sagrações, os festins musicais.

A atmosfera circunstante fez-se tórrida em poucas horas. Havia russos por toda a parte, saídos como formigas de um formigueiro: abraçavam-se como se todos se conhecessem, cantavam, gritavam; embora em boa parte vacilando nas pernas, dançavam e arrastavam em seus braços todos aqueles que encontravam pelo caminho. Atiravam para o alto, e outras vezes não exatamente: foi levado para a enfermaria um soldadinho, ainda imberbe, um *parasjutist*, trespassado por um tiro de mosquete, do abdômen à coluna. O tiro, milagrosamente, não lesara os órgãos vitais: o soldado-menino permaneceu três dias de cama, e suportou os medicamentos com tranquilidade, olhando para nós com olhos virgens semelhantes ao mar; depois, numa noite, enquanto passava pela estrada um grupo de comparsa em festa, saltou dos cobertores, completamente vestido, com o uniforme e as botas, e, como bom paraquedista, sob os olhos dos outros doentes, atirou-se à rua simplesmente pela janela do primeiro andar.

Os já tênues vestígios de disciplina militar desapareceram. Na frente da porta do campo, a sentinela, na noite de 1º de maio, roncava bêbada e deitada no chão, com a metralhadora ao pescoço; depois disso não foi mais vista. Era inútil dirigir-se ao Kommandantur para qualquer necessidade urgente: a pessoa encarregada não estava, ou estava de cama curtindo uma ressaca, ou ocupada em misteriosos e febris preparativos no ginásio da escola. Era uma sorte que a cozinha e a enfermaria estivessem em mãos italianas.

Logo soubemos qual era a natureza daqueles preparativos. Estavam organizando uma grande festa para o dia do final da guerra: uma representação teatral com coros, danças e declamações, que os russos ofereciam para nós, hóspedes do campo. Para nós, italianos: pois, nesse meio tempo, após complicados deslocamentos de outras nacionalidades, ficamos em Bogucice, formando ampla maioria, aliás, quase sós, com poucos franceses e gregos.

César voltou num daqueles dias tumultuosos. Estava em condições muito piores do que da primeira vez: cheio de lama até os cabelos, esfarrapado, transtornado, e sofrendo um monstruoso torcicolo. Tinha uma garrafa de vodca, nova e cheia, e, como primeira preocupação, olhara em volta para ver se não encontrava uma outra garrafa vazia; depois, obscuro e funéreo, construiu um engenhoso funil com um pedaço de papelão, derramou a vodca, quebrando a garrafa em pequenos pedaços; reuniu os cacos num pano e, em segredo, foi enterrá-los num buraco no fundo do campo.

Acontecera-lhe uma desgraça. Uma noite, quando voltava do mercado para a casa da namorada, topara com um russo: vira na sala o capote militar, com o cinturão e o coldre, e uma garrafa. Pegara a garrafa, a título de parcial indenização, e sabiamente partira: mas o russo, ao que parece, seguira-o, talvez por causa da garrafa, ou, talvez, aguilhoado pelo ciúme retroativo.

Aqui a sua história ficava mais obscura e menos plausível. Procurara fugir em vão, e logo se convencera de que todo o

Exército russo seguia os seus rastros. Acabara chegando ao parque de diversões, mas aí também a perseguição continuara, durante toda a noite. As últimas horas, ele as passara escondido debaixo do assoalho do salão de baile público, enquanto toda a Polônia dançava sobre a sua cabeça: mas a garrafa, ele não a deixara, porque representava tudo o que lhe restara de uma semana de amor. Destruíra o recipiente original por prudência, e insistira para que o conteúdo fosse imediatamente consumido entre nós, seus amigos íntimos. Foi um trago melancólico e taciturno.

Chegou o dia 8 de maio: dia de exultação para os russos, de desconfiada vigília para os poloneses; para nós, de alegria trespassada de profunda saudade. Com efeito, daquele dia em diante, nossas casas não estavam mais proibidas, nenhum front de guerra já nos separava, nenhum obstáculo concreto, apenas papéis e repartições. Sentíamos que o repatriamento agora nos era devido, e cada hora passada no exílio pesava como chumbo; pesava ainda mais a absoluta falta de notícias da Itália. Todavia, fomos em massa assistir à representação dos russos, e fizemos bem.

O teatro fora improvisado no ginásio da escola; de resto, tudo fora improvisado, os atores, as cadeiras, o coro, o programa, as luzes, a cortina. Vistosamente improvisado era o fraque vestido pelo apresentador, o capitão Egorov em pessoa.

Egorov subiu à ribalta, completamente bêbado, vestindo calças enormes, cuja cintura chegava às axilas, enquanto a cauda do fraque varria o chão. Fora tomado por uma inconsolável tristeza alcoólica, e anunciava, com voz sepulcral, os vários números cômicos ou patrióticos do programa, entre sonoros suspiros e explosões de pranto. Seu equilíbrio era dúbio: nos momentos cruciais agarrava-se ao microfone, e então o clamor do público interrompia-se de pronto, como quando um acrobata salta para o vazio no trapézio.

Todos apareceram no palco: todo o Kommandantur. Maria, como diretora do coro, que era ótimo como todos os coros russos, e cantou *"Moskvá moiá"* ("Minha Moscou") com maravilhoso ímpeto, harmonia, e visível boa-fé. Galina exibiu-se sozinha, usando roupas circassianas e grandes botas, numa vertiginosa dança, durante a qual revelou dotes atléticos, fantásticos e inesperados: recebeu numerosos aplausos, e agradeceu o público, comovida, com inumeráveis reverências setecentistas, o rosto vermelho como um tomate, e os olhos cintilantes de lágrimas. Não se mostraram inferiores o dr. Danchenko e o mongol de bigodes, os quais, embora cheios de vodca, realizaram juntos uma daquelas endemoniadas danças russas, nas quais saltam no ar, dão pontapés e piruetas, como se tivessem piões nos calcanhares.

Seguiu-se uma singular imitação da *Titina* de Charles Chaplin, personificada por uma das esplêndidas meninas do Kommandantur, de seios e espáduas exuberantes, mas rigorosamente fiel ao protótipo, quanto ao chapéu, bigodes, sapatorras e bengalinha. E, finalmente, anunciado por Egorov, com voz lacrimosa, e saudado por todos os russos com um selvagem grito de consenso, subiu à cena Vanka Vstanka.

Quem é Vanka Vstanka, não saberei dizer com precisão: talvez uma conhecida máscara popular russa. Era, no caso, um pastorzinho tímido, tolo e enamorado, que desejava declarar-se à amada mas que não ousava. A bela era a gigantesca Vassilissa, a valquíria responsável pelo serviço do refeitório, corvina e taluda, capaz de estender com as costas das mãos um comensal turbulento ou um galanteador inoportuno (e mais do que um italiano tivera provas disso): mas, em cena, quem a teria reconhecido? Estava transfigurada pelo papel: o cândido Vanka Vstanka (no século, um dos velhos tenentes), de rosto coberto com pó de arroz branco e rosado, cortejava-a de longe, arcadicamente, por meio de vinte melodiosas estrofes, infelizmente incompreensíveis para nós, e estendia para a amada as mãos cheias de súplica e hesitação, que ela recusava com graça ridente, mas resoluta, gorjeando outras tantas réplicas gentis e zombeteiras. Mas, pouco a pouco, as distâncias diminuíam, enquanto o fragor dos aplausos crescia proporcionalmente;

após muitas disputas, os dois pastores trocavam beijos envergonhados no rosto, e terminavam esfregando vigorosa e voluptuosamente as costas de um nas costas de outro, com incontido entusiasmo do público.

Saímos do teatro ligeiramente aturdidos, mas quase comovidos. O espetáculo dera-nos uma íntima satisfação: fora improvisado em poucos dias, via-se bem; fora um espetáculo caseiro, sem pretensões, puritano, quase sempre pueril. Mas pressupunha algo de não improvisado, antigo e robusto: uma jovial, nativa, intensa capacidade de alegria e de expressão, uma amorosa e amigável familiaridade com a cena e com o público, longe da exibição vazia e da abstração cerebral, da convenção e da preguiçosa repetição dos modelos. Fora, por isso, em seus limites, um espetáculo quente, vivo, invulgar, rico de liberdade e afirmação, não um espetáculo qualquer.

No dia seguinte, tudo voltara à ordem, e os russos, com algumas leves sombras ao redor dos olhos, haviam retomado suas expressões habituais. Encontrei Maria na enfermaria, e disse-lhe que me divertira muito, e que todos nós, italianos, havíamos admirado as suas virtudes cênicas e a de seus colegas: o que era a pura verdade. Maria, por hábito e por natureza, era uma mulher pouco metódica, mas muito concreta, solidamente marcada pelo percurso tangível dos ponteiros do relógio e das paredes domésticas, amiga dos homens de carne e osso, e avessa às teorias. Mas quantas são as mentes humanas capazes de resistir à lenta, feroz, incessante, imperceptível força de penetração dos lugares-comuns?

Respondeu-me com serenidade didascálica. Agradeceu-me com cortesia os elogios, e assegurou-me que faria com que todo o Comando soubesse de nossa opinião; notificou-me, depois, com gravidade, que a dança e o canto são matérias de ensino escolar na União Soviética, assim como a declamação; que é dever do bom cidadão procurar aperfeiçoar-se em todas as suas habilidades ou talentos naturais; que o teatro é um dos instrumentos mais preciosos para a educação coletiva; e velhos truísmos pedagógicos, que soavam absurdos e vagamente irritantes aos meus ouvidos, ainda cheios do grande vento de vitalidade e de força cômica da noite anterior.

Por outro lado, a própria Maria ("velha e louca", segundo o julgamento dos dezoito anos de Galina) parecia possuir uma segunda personalidade, assaz diferente daquela oficial: pois fora vista na noite anterior, após o teatro, beber desmedidamente e dançar como as bacantes até alta madrugada, cansando inumeráveis bailarinos, como um cavaleiro furibundo que abate a seus pés um cavalo depois do outro.

A vitória e a paz foram festejadas também de outra maneira, que, indiretamente, me custaria caro mais tarde. Por volta de meados de maio, ocorreu um encontro de futebol entre o time de Katowice e outro que nos representava, o dos italianos.

Tratava-se, na verdade, de uma revanche: um primeiro jogo fora disputado sem particular solenidade, duas ou três semanas antes, e fora vencido por larga diferença pelos italianos, contra um time anônimo reunido às pressas, formado por mineradores poloneses dos subúrbios.

Mas, para a revanche, os poloneses escolheram a dedo um time de primeira categoria: falava-se que alguns jogadores, entre eles o goleiro, tinham vindo para a ocasião nada mais nada menos que de Varsóvia, enquanto os italianos não tinham condições de fazer o mesmo.

O goleiro era um goleiro de pesadelo. Era um compridão louro, de rosto emaciado, peito côncavo, movimentos indolentes como um apache. Faltavam-lhe ímpeto, contração enfática e nervosa trepidação profissional: ficava no gol de modo insolente, como se apenas assistisse ao jogo, com um ar, ao mesmo tempo, ultrajado e ultrajante. E mesmo assim, nas poucas vezes em que a bola era chutada para o gol pelos italianos, ele estava sempre na trajetória, como por acaso, sem jamais fazer um movimento brusco: esticava um braço longuíssimo, um apenas, que parecia sair de seu corpo como os chifres de um caramujo, e possuía a mesma qualidade invertebrada e gosmenta. E pronto, a bola aderia nele solidamente, perdendo toda a sua força viva: escorregava-lhe no peito, e depois, pelo corpo, na perna, e no chão. Jamais chegou a usar a outra mão: ficava ostensivamente no bolso, durante todo o encontro.

A partida era disputada num campo de periferia, longe de Bogucice, e os russos, para a ocasião, determinaram saída livre para todos no campo. O jogo foi duramente disputado, não apenas entre os dois times que se enfrentavam, mas entre os times e o juiz: pois o juiz, hóspede de honra, titular do camarote das autoridades e bandeirinha, era ao mesmo tempo o capitão da NKVD, o incrível inspetor das cozinhas. Completamente curado da fratura, parecia estar seguindo o jogo com grande interesse, mas não de natureza esportiva: com um interesse de natureza misteriosa, talvez estético, talvez metafísico. O seu comportamento era irritante, aliás, extenuante, se fosse julgado segundo a avaliação dos muitos especialistas presentes em meio ao público; por outro lado, era também hilariante, e digno de um cômico de escol.

Interrompia o jogo continuamente, a torto e a direito, com assobios prepotentes, e com uma sádica predileção para os momentos em que corriam ações na pequena área; se os jogadores não prestavam atenção nele (e logo deixaram de prestar atenção, pois as interrupções eram bastante frequentes), transpunha o parapeito do camarote com suas longas pernas, enfiadas dentro das botas, metia-se na rixa, apitando como um trem, e tanto fazia que conseguia tomar posse da bola. Às vezes, tomava-a nas mãos, fazendo-a girar para todos os lados, com ares de desconfiança, como se fosse uma bomba que não explodira; outras vezes, com esgares imperiosos, dava ordens para que ficasse no chão num determinado ponto do terreno; depois se aproximava, pouco satisfeito, e a deslocava alguns centímetros, girava longamente à sua volta, meditabundo, e, afinal, convencido não sabemos de quê, fazia sinal para que o jogo recomeçasse. Outras vezes, ainda, quando conseguia ter a bola entre os pés, fazia com que todos se afastassem e chutava a bola para o gol com todas as forças de que era capaz; em seguida dirigia-se radiante para o público, que resmungava de raiva, e a quem ele cumprimentava longamente, apertando suas mãos sobre a cabeça, como um boxeador vitorioso. Era, por outro lado, rigorosamente imparcial.

Em tais condições, o jogo (que foi, merecidamente, vencido pelos poloneses) arrastou-se por mais de duas horas, mais ou menos, até as seis da tarde; e teria continuado, provavelmente até a noite, se dependesse apenas do capitão, que não se preocupava absolutamente com o horário, e que se comportava no campo como o patrão, abaixo de Deus; e daquela sua mal-entendida função de árbitro, parecia obter uma diversão louca e inexaurível. Mas, por volta do pôr do sol, o céu escureceu rapidamente, e, quando caíram as primeiras gotas de chuva, apitou o final.

A chuva transformou-se imediatamente num dilúvio: Bogucice estava longe, não havia abrigos, e voltamos ao barracão completamente molhados. No dia seguinte me senti mal, de um mal que permaneceu misterioso por longo tempo.

Não conseguia mais respirar livremente. Parecia que no trajeto de meus pulmões havia um obstáculo, uma dor muito aguda, uma picada profunda, localizada em alguma parte acima do estômago, mas atrás, próximo da coluna; e me impedia de respirar além de um certo limite. E tal limite decaía, dia após dia, hora após hora; a ração de ar que me era concedida reduzia-se com uma progressão lenta e constante que me aterrorizava. No terceiro dia, já não podia fazer nenhum movimento; no quarto, fiquei deitado de costas na cama, imóvel, com a respiração curtíssima e ofegante como a dos cães exaltados.

OS SONHADORES

Leonardo procurava escondê-lo de mim, mas não via com clareza, e estava seriamente preocupado com a minha doença. Era difícil dizer realmente o que era, pois todo seu equipamento profissional reduzia-se a um estetoscópio, e obter dos russos a minha internação no hospital civil de Katowice parecia não só muito difícil, como também pouco aconselhável; do dr. Danchenko, então, não se podia esperar muito.

Permaneci deitado e imóvel por vários dias, engolindo com sofreguidão apenas alguns goles de sopa, pois a cada movimento que buscasse empreender, e a cada bocado sólido que buscasse engolir, a dor despertava raivosa, cortando-me a respiração. Após uma semana de angustiante imobilidade, Leonardo, à força de tamborinar na coluna e no peito, conseguiu distinguir um sinal: era uma pleurite seca, aninhada insidiosamente entre os dois pulmões, sobre o mediastino e o diafragma.

Fez, então, muito mais do que normalmente esperamos de um médico. Transformou-se num comerciante clandestino e num contrabandista de remédios, ajudado por César, e percorreu a pé dezenas de quilômetros pela cidade, de um endereço a outro, à procura de sulfamidas e cálcio endovenoso. Não teve grande sucesso em matéria de medicamentos, porque as sulfamidas eram escassas, sendo encontradas apenas no mercado negro, a preços inacessíveis para nós; mas encontrou algo muito melhor. Encontrou em Katowice um misterioso confrade que possuía um consultório não muito legal, mas bem aparelhado, com um pequeno armário farmacêutico, com muito dinheiro e tempo livre, e que era, enfim, italiano, ou quase.

Na verdade, tudo que dizia respeito ao dr. Gottlieb era envolto numa densa nuvem de mistério. Falava perfeitamente italiano, como também alemão, polonês, húngaro e russo.

Vinha de Fiúme, de Viena, de Zagreb e de Auschwitz. Estivera em Auschwitz, mas não dissera nunca em que qualidade e em que condições, não sendo um homem a quem fosse fácil fazer perguntas. Tampouco era fácil entender como conseguira sobreviver a Auschwitz, pois tinha um braço anquilosado; e menos fácil ainda imaginar através de que secretos caminhos, e usando fantásticas artimanhas, conseguira permanecer sempre junto com um irmão e com outro misterioso cunhado, e se transformar em poucos meses, ao deixar o Lager, na cara dos russos e das leis, num homem abastado e no médico mais estimado de Katowice.

Era uma personalidade admiravelmente preparada. Emanava inteligência e astúcia como o rádio emana energia: com a mesma silenciosa e penetrante continuidade, sem esforço, sem repouso, sem sinais de cansaço, em todas as direções ao mesmo tempo. Que era um médico hábil, ficava evidente desde o primeiro contato. Se essa sua excelência profissional era apenas um aspecto, uma faceta de seu alto engenho, ou se era propriamente seu instrumento de penetração, sua arma secreta para fazer amigos e inimigos, para frustrar as proibições, para mudar os *nãos* em *sins*, jamais poderei afirmar: isso também fazia parte da nuvem que o envolvia e que se deslocava com ele. Era uma nuvem quase visível, que tornava pouco decifráveis seu olhar e as linhas de seu rosto, e fazia suspeitar, debaixo de suas ações, de suas frases, de seu silêncio, uma tática e uma técnica, a perseguição de finalidades imperceptíveis, um contínuo e astuto trabalho de prospecção, elaboração, inserção e posse.

Mas o engenho do dr. Gottlieb, todo orientado para fins práticos, não era desumano. Era tão abundante nele a segurança, o hábito da vitória, a confiança em si mesmo, que sobrava uma grande porção para prestar socorro ao seu próximo menos dotado; e especialmente para nós, que escapáramos, como ele, da armadilha mortal do Lager, circunstância para a qual ele se mostrava estranhamente sensível.

Gottlieb trouxe-me a saúde de volta como um taumaturgo. Veio uma primeira vez estudar o meu caso, depois outras tantas, munido de ampolas e seringas, e uma última vez, quando me disse: "Levanta e anda". A dor desaparecera, minha respiração se libertara; estava muito cansado e tinha fome, mas levantei-me e pude andar.

Contudo, durante uns vinte dias ainda não deixei a enfermaria. Eu passava deitado aqueles dias intermináveis, lendo avidamente os poucos livros dispersos que conseguia capturar: uma gramática inglesa em polonês, *Marie Walewska, le tendre amour de Napoleón*, um manual de trigonometria elementar, *Rouletabille na insurreição*, *Os forçados de Caiena*, e um curioso romance de propaganda nazista, *Die Grosse Heimkehr* [O grande repatriamento], que representava o trágico destino de uma aldeia da Galícia, de pura raça alemã, atormentada, saqueada, e afinal destruída, pela feroz Polônia do marechal Beck.

Era triste ficar entre quatro paredes, enquanto o ar lá fora estava cheio de primavera e de vitória, e dos bosques próximos o vento trazia cheiros estimulantes, de musgo, de erva nova, de cogumelos; e era humilhante ter que depender dos companheiros até mesmo para as necessidades mais elementares, para pegar a comida no refeitório, para ter água, e, nos primeiros dias, até mesmo para mudar de posição na cama.

Meus companheiros de enfermaria eram uns vinte, entre os quais Leonardo e César; mas a personagem de tamanho maior, o mais notável, era o decano de todos, o Mouro de Verona. Devia descender de uma estirpe tenazmente ligada à terra, pois o seu verdadeiro nome era Avesani, e era de Avesa, o subúrbio dos lavadeiros de Verona celebrado por Berto Barbarani. Tinha mais de setenta anos, e os demonstrava completamente: era um grande velho de rude esqueleto de dinossauro, alto e reto nos rins, ainda forte como um cavalo, embora a idade e o cansaço tivessem retirado toda a agilidade de suas juntas nodosas. O crânio calvo, nobremente convexo, era circundado na base por uma coroa de cabelos brancos: mas o rosto, magro e rugoso, era de um olináceo ictérico, e violentamente amarelos e eivados de sangue brilhavam os olhos, encovados sob enormes arcos ciliares como cães ferozes no fundo de suas tocas.

No peito do Mouro, esquelético e ainda poderoso, fervia sem trégua uma cólera gigantesca embora indeterminada: uma cólera insana contra tudo e contra todos, russos e alemães, contra a Itália e os italianos, contra Deus e os homens, contra si e contra nós, contra o dia quando era dia e contra a noite quando era noite, contra o seu destino e todos os destinos, contra o ofício que trazia no sangue. Era pedreiro: colocara tijolos por cinquenta anos, na Itália, na América, na França, depois de novo na Itália, e enfim na Alemanha, e cada seu tijolo fora cimentado com blasfêmias. Blasfemava todo o tempo mas não maquinalmente; blasfemava com método e com estudo, acrimoniosamente, interrompendo-se para buscar a palavra correta, corrigindo-se frequentemente, e encolerizando-se quando não encontrava a palavra certa: blasfemava então contra a blasfêmia que não vinha.

Não havia dúvida de que estivesse tomado por uma desesperada demência senil: mas havia grandeza nessa sua demência, e também força, e uma bárbara dignidade, a dignidade pisoteada das feras na jaula, a mesma que redime Capaneu e Calibã.

O Mouro não se levantava quase nunca da maca. Ficava deitado o dia todo, com seus enormes pés amarelos e ossudos que avançavam dois palmos até o meio da enfermaria; no chão havia um grande embrulho sem forma, que nenhum de nós jamais ousaria tocar. Guardava, ao que parece, todos os pertences de sua vida; na parte externa do embrulho via-se um grande machado de lenhador. O Mouro, frequentemente, fixava o vazio com olhos sanguíneos, e se calava; mas bastava um pequeno estímulo, um barulho no corredor, uma pergunta que lhe fosse feita, um descuidado contato contra os seus pés enormes, uma pontada de reumatismo, e o seu peito profundo se erguia como faz o mar enfunado pela tempestade, e o mecanismo do vitupério punha-se de novo a funcionar.

Entre nós era respeitado, e temido por um temor vagamente supersticioso. Somente César aproximava-se dele, com a familiaridade impertinente das aves que esgaravatam no dorso rochoso dos rinocerontes, e se divertia em provocar-lhe a cólera com perguntas insípidas e indecentes.

Junto ao Mouro habitava o tolo Ferrari dos piolhos, o último de sua classe na escola de Loreto. Mas, em nossa enfermaria, ele não era o único membro da confraria de San Vittore: ela estava representada notavelmente também por Trovati e Cravero.

Trovati, Ambrogio Trovati chamado Pôr do Sol, não tinha mais do que trinta anos; era de baixa estatura, mas musculoso e bastante ágil. Pôr do Sol, nos explicara, era o seu nome artístico: nome de que se orgulhava e que lhe convinha perfeitamente, porque era um homem ofuscado, que vivia de fantasiosos expedientes, num estado de alma de perpétua rebelião frustrada. Passara a adolescência e a juventude entre o palco e a prisão, e parecia que as duas instituições não estavam claramente divididas em sua mente confusa. A prisão na Alemanha, mais tarde, devia ter lhe dado o golpe de misericórdia.

Em suas conversas, o verdadeiro, o possível e o fantástico formavam um nó imbricado, variável e inextricável. Falava da prisão e do tribunal como de um teatro, onde ninguém é realmente ninguém, mas cada um representa, demonstra a sua habilidade, entra na pele de outro, interpreta um papel; e o teatro, por sua vez, era um grande símbolo obscuro, um instrumento tenebroso de perdição, a manifestação externa de uma seita subterrânea, malvada e onipresente, que impera para dano de todos, e que vem bater à nossa porta, para nos agarrar, pôr em nós uma máscara, para que sejamos o que não somos e façamos o que não queremos. Essa seita é a Sociedade: o grande inimigo, contra quem o Pôr do Sol sempre combatera, e sempre fora vencido, conseguindo, porém, reerguer-se heroicamente todas as vezes.

Era a Sociedade que descera para buscá-lo, para desafiá-lo. Ele vivia na inocência, no paraíso terrestre: era barbeiro, dono de loja, quando recebera uma visita. Dois mensageiros apareceram para tentá-lo, para fazer-lhe a satânica proposta de vender a loja e dedicar-se à arte. Conheciam bem o seu ponto fraco: adularam-no, louvaram-lhe as formas do corpo, a voz, a expressão e a mobilidade do rosto. Ele resistira duas, três vezes, depois cedera, e, tendo nas mãos o endereço do estúdio, começou a vagar por Milão. Mas o endereço era falso; de uma porta enviavam-no a uma outra; até que percebeu a conjuração. Os dois mensageiros, na sombra, seguiram-no com a máquina de filmar apontada, roubaram todas as suas palavras, seus gestos de desapontamento, e assim fizeram com que se tornasse ator à sua revelia. Roubaram-lhe a imagem, a sombra, a alma. Foram eles que o fizeram tramontar, e o batizaram Pôr do Sol.

Ele terminara assim: estava nas mãos deles. A loja vendida, nenhum contrato, pouco dinheiro, pequenos papéis, de vez em quando, pequenos furtos para continuar vivendo. Isso tudo, até a sua grande epopeia, o homicídio polposo. Encontrara pelo caminho um de seus sedutores e o esfaqueara: tornara-se réu de homicídio polposo, e por esse crime fora levado ao tribunal. Mas não quisera advogados, porque o mundo inteiro, até mesmo o último homem, estava contra ele, e ele sabia disso. E, todavia, fora tão eloquente, e expusera tão bem as suas razões, que a corte o absolvera de pé com uma grande ovação, e todos choravam.

Esse legendário processo estava no centro da nebulosa memória de Trovati; ele o revivia a cada instante do dia, não falava de outra coisa, e frequentemente, de noite após o jantar, nos obrigava a auxiliá-lo e a repetir o seu processo, numa espécie de sagrada representação. Dava a cada um o seu papel: você o presidente, você o Ministério Público, vocês os jurados, você o escrivão, vocês o público: e a cada um estabelecia peremptoriamente o papel que devia representar. Mas o acusado, e ao mesmo tempo o advogado de defesa, era sempre e somente ele, e, quando a cada réplica chegava a hora de sua arenga torrencial, explicava primeiro, num rápido aparte, que o homicídio polposo é quando alguém enfia a faca não no peito, ou na barriga, mas aqui, entre o coração e a axila, na polpa; e é menos grave.

Falava sem interrupção, apaixonadamente, por uma hora, enxugando na testa um suor autêntico; depois, lançando com amplo gesto sobre o ombro esquerdo uma toga inexistente, concluía: "Ide, ide, serpentes, depositar o vosso veneno!".

O terceiro de San Vittore, o turinense Cravero, era, ao contrário, um patife consumado, puro, sem nuances, daqueles que é raro encontrar, e nos quais parecem tomar corpo e figura humana as abstratas hipóteses criminosas do código penal. Conhecia bem todas as prisões da Itália, e na Itália vivera (admitia-o descaradamente, mas com orgulho) de furtos, assaltos e exploração. Com tais artes à mão, não encontrara nenhuma dificuldade para morar na Alemanha: com a Organização Todt trabalhara apenas um mês, em Berlim, depois desaparecera, mimetizando-se facilmente no fundo escuro da delinquência local.

Após duas ou três tentativas, encontrara uma viúva que lhe caía bem. Ele a ajudava com a própria experiência, arranjava-lhe clientes, e se ocupava da parte financeira nos casos controversos, incluindo a facada. Ela, por sua vez, o hospedava. Naquela casa, apesar das dificuldades com a língua, e com certos hábitos bizarros de sua protegida, encontrava-se perfeitamente à vontade.

Quando os russos chegaram às portas de Berlim, Cravero, que não gostava de tumultos, levantou as âncoras, abandonando a mulher, que se consumia em lágrimas. Mas assim mesmo fora alcançado pelo rápido avanço dos russos, e, de campo em campo, terminara em Katowice; todavia, não permaneceu lá durante muito tempo. Foi, com efeito, o primeiro dentre os italianos que decidiu tentar o repatriamento com os próprios meios. Acostumado a viver fora da lei, o obstáculo de atravessar muitas fronteiras sem documentos, e dos mil e quinhentos quilômetros a percorrer sem dinheiro, não o preocupava muito.

Visto que se dirigia a Turim, ofereceu-se gentilmente para levar uma carta para minha casa. Aceitei, com uma certa ingenuidade, como constatei mais tarde; aceitei porque estava doente, porque possuía uma grande confiança inata no próximo, porque o correio polonês não funcionava, e porque quando propusera a Maria Fiódorovna que escrevesse uma carta para mim aos países ocidentais, ela ficou pálida e mudou de assunto.

Cravero, tendo partido de Katowice em meados de maio, chegou a Turim no tempo recorde de um mês, deslizando como uma enguia através dos inumeráveis postos de bloqueio. Encontrou minha mãe, deu minha carta (e foi meu único sinal de vida que em nove meses chegou ao destino), e descreveu-lhe confidencialmente que eu estava em condições de saúde extremamente preocupantes: naturalmente não o escrevera na carta, mas estava sozinho, doente, abandonado, sem dinheiro, precisando urgentemente de ajuda; segundo a sua opinião, era indispensável tomar providências. Decerto a tarefa não era fácil: mas ele Cravero, meu amigo fraterno, estava à disposição. Se minha mãe lhe desse duzentas mil liras, em duas ou três semanas ele me traria são e salvo para casa. Aliás, se a senhorita (minha irmã, que assistia à conversa) quisesse acompanhá-lo...

Louvem-se minha mãe e minha irmã por não terem dado imediata confiança ao mensageiro. Pediram-lhe que voltasse alguns dias depois, porque a soma não estava disponível. Cravero desceu as escadas, roubou a bicicleta de minha irmã, que estava ao pé do portão, e desapareceu. Escreveu-me dois anos depois, na época de Natal, um afetuoso cartão de boas-festas das Prisões Novas.

Nas tardes em que Pôr do Sol nos dispensava da encenação do processo, o sr. Unverdorben entrava frequentemente em cena. Respondia por este nome, estranho e belo, um suave, velho e desconfiado homenzinho de Trieste. O sr. Unverdorben, que não respondia a quem não o chamasse de "senhor", e pretendia ser tratado com formalidade, passara uma longa e aventurosa existência dupla, e como Pôr do Sol e o Mouro era prisioneiro de um sonho, aliás de dois.

Sobrevivera inexplicavelmente ao Lager de Birkenau, e de lá trouxera um horrível abscesso num dos pés; por isso não podia andar, e era o mais assíduo e o mais obsequioso dentre aqueles que me ofereciam companhia e assistência durante minha doença. Era também muito loquaz, e se não se repetisse tão frequentemente, segundo o costume dos velhos, as suas confidências poderiam constituir um romance à parte.

Era músico, um grande músico incompreendido, compositor e regente de orquestra: compusera uma ópera lírica, *La regina di Navarra*, que fora elogiada por Toscanini; mas o manuscrito permanecia inédito numa gaveta, porque os seus inimigos tanto examinaram os seus papéis, com asquerosa fleuma, que descobriram que quatro compassos consecutivos da partitura achavam-se idênticos nos *Pagliacci*. A sua boa-fé era óbvia, evidente, mas com essas coisas a lei não brinca. Três compassos sim, quatro não. Quatro compassos constituem plágio. O sr. Unverdorben era demasiadamente nobre para sujar suas mãos com advogados e querelas: despedira-se virilmente da arte, e fizera uma existência nova como cozinheiro de bordo nos transatlânticos de linha.

Assim viajara muito, e vira coisas que nenhum outro pudera ver. Principalmente animais e plantas extraordinários, e muitos segredos da natureza. Vira os crocodilos do Ganges, que possuem apenas um osso rígido que vai da ponta do nariz à cauda; são ferocíssimos e correm como o vento; mas, exatamente por causa dessa estrutura singular, não podem se mover senão indo para a frente e para trás, como um trem nos trilhos, e por isso basta colocar-se de lado, um pouco fora da linha reta que constitui o seu prolongamento, para ficar em segurança. Vira os chacais do Nilo, que bebem correndo para não serem abocanhados pelos peixes: de noite seus olhos brilham como lanternas, e cantam com roucas vozes humanas. Vira os repolhos da Malásia, que são preparados como as nossas couves-flores, mas muito maiores: e basta tocar suas folhas com um dedo para não conseguir mais desvencilhar-se, a mão e depois o braço e depois todo o incauto são absorvidos, lenta mas irresistivelmente, pelo monstruoso centro pegajoso da planta carnívora, e digeridos pouco a pouco. O único remédio, que quase ninguém conhece, é o fogo, mas é preciso agir de pronto: basta a pequena chama de um fósforo sob a folha que se apoderou da presa, e o vigor da planta se desfaz. Desse modo, graças à sua prontidão e aos seus conhecimentos de história natural, o sr. Unverdorben salvara da morte certa o capitão de seu navio. Existem além disso pequenas serpentes negras que moram escondidas nas esquálidas areias da Austrália, e que se atiram contra o homem de longe, pelo ar, como balas de fuzil: basta uma mordida para derrubar um touro de costas. Mas tudo na natureza relaciona-se mutuamente; não existe ataque onde não exista defesa, cada veneno tem o seu antídoto: basta conhecê-lo. A mordida desses répteis sara prontamente se tratada com saliva humana; não porém aquela da pessoa agredida. Por isso, naquela terra, ninguém viaja só.

Nas longuíssimas noites polonesas, o ar da enfermaria, denso de tabaco e odores humanos, saturava-se de sonhos insensatos. Este é o fruto mais imediato do exílio, do desenraizamento: a prevalência do irreal sobre o real. Todos sonhavam sonhos passados e futuros, de escravidão e redenção, paraísos inverossímeis, e outros tantos míticos e inverossímeis inimigos: inimigos cósmicos, perversos e ardilosos, que penetram em todos como o ar. Todos, com exceção talvez de Cravero, e certamente de D'Agata.

D'Agata não tinha tempo de sonhar, porque estava obcecado pelo terror dos percevejos. Esses incômodos companheiros não agradavam a ninguém, naturalmente; mas todos terminaram por acostumar-se. Não eram poucos e dispersos, mas um exército compacto, que com a chegada da primavera invadiu todas as nossas enxergas: estavam aninhados de dia nas fendas dos muros e dos beliches de madeira, e partiam para o ataque mal cessava a agitação do dia. Para ceder-lhes uma pequena porção de nosso sangue, nós nos resignaríamos de bom grado: era menos fácil acostumar-se a senti-los correr furtivos no rosto e no corpo, por baixo das roupas. Podiam dormir tranquilos somente aqueles que tinham a sorte de desfrutar de um sono pesado, e que conseguiam cair na inconsciência antes que os percevejos acordassem.

D'Agata, que era um minúsculo, sóbrio, reservado e limpíssimo pedreiro siciliano, reduzira-se a dormir de dia e passava as noites empoleirado na cama, olhando em torno com olhos dilatados pelo horror, pela vigília e pela atenção espasmódica.

Segurava com força em suas mãos um objeto rudimentar, que construíra com um pequeno bastão e com um pedaço de rede metálica, e a parede junto dele estava coberta por uma sórdida constelação de manchas sanguíneas.

A princípio esses seus hábitos foram escarnecidos: tinha talvez a pele mais fina do que todos nós? Mas depois a piedade prevalecera, misturada com um traço de inveja; porque entre todos nós, D'Agata era o único com inimigo talvez concreto, presente, tangível, suscetível de ser combatido, espancado, esmagado contra a parede.

PARA O SUL

Caminhei horas a fio sob o ar maravilhoso da manhã, aspirando-o como um remédio até o fundo de meus pulmões maltratados. Minhas pernas não estavam muito firmes, mas eu sentia a necessidade imperiosa de retomar posse de meu corpo, de restabelecer o contato, interrompido há dois anos, com as árvores e o campo, com a terra pesada e morena, na qual sentíamos estremecer as sementes, com o oceano de ar que transportava o pólen dos abetos, onda após onda, dos Cárpatos aos caminhos negros da cidade mineira.

Assim, após uma semana, explorei os arredores de Katowice. Corria nas veias a doce fraqueza da convalescença. Naqueles dias, corriam igualmente nas veias enérgicas doses de insulina, que me fora prescrita, encontrada, comprada e injetada pelos tratamentos harmônicos de Leonardo e Gottlieb. Enquanto eu caminhava, a insulina cumpria em silêncio o seu ofício prodigioso: girava com o sangue à procura de açúcar, e cuidava da diligente combustão e conversão de energia, desviando-o de outros destinos menos próprios. Mas o açúcar que encontrava não era muito: de repente, de modo dramático, quase sempre à mesma hora, as reservas se esgotavam: minhas pernas dobravam-se, então, tudo se tornava negro ao meu redor, e eu era obrigado a sentar-me no chão, onde quer que me encontrasse, gelado e dominado por um ataque de fome furiosa. Aqui socorriam-me as obras e as ofertas de minha terceira protetora, Maria Fiódorovna Prima: eu tirava do bolso um pacotinho de glicose e o engolia vorazmente. Após alguns minutos, a luz estava de volta, o sol tornava a esquentar, e eu podia retomar o caminho.

Naquela manhã, voltando ao campo, deparei-me com uma cena pouco usual. O capitão Egorov encontrava-se no meio da praça, circundado por uma densa multidão de italianos. Tinha em suas mãos um grande revólver, que lhe servia, contudo, apenas para sublinhar, com amplos gestos, as passagens mais importantes do discurso que estava fazendo. De seu discurso, entendia-se muito pouco, essencialmente duas palavras, porque as repetia com frequência, mas essas duas palavras eram mensagens celestes: *ripatriátsiia* e *Odiéssa*.

O repatriamento via Odessa, portanto; a volta. Todo o campo perdeu instantaneamente a cabeça. O capitão Egorov foi soerguido do solo, com revólver e tudo, e foi levado precariamente em triunfo. Pessoas rugiam pelos corredores: "Para casa! Para casa!", outros preparavam as malas, fazendo o maior barulho que podiam, e jogando pelas janelas farrapos, papéis velhos, sapatos furados e toda a sorte de bugigangas. Em poucas horas, todo o campo se esvaziou, sob os olhares olímpicos dos russos: alguns iam à cidade para despedir-se da namorada, outros em puros e simples festejos, outros a gastar os últimos zloty em víveres para a viagem ou em outras coisas mais fúteis.

Com este último programa, fomos também César e eu, para Katowice, levando nos bolsos nossas economias e as de cinco ou seis companheiros. Com efeito, o que iríamos encontrar na fronteira? Não sabíamos, mas, pelo que vimos dos russos, até então, e de suas formas de ação, não nos parecia provável que os cambistas nos esperassem na fronteira. Por conseguinte, o bom-senso, e, ao mesmo tempo, o nosso feliz estado de alma, aconselhavam-nos a gastar até o último zloty, a não grande soma de que dispúnhamos; para esbanjá-la, por exemplo, organizando um grande almoço à italiana, à base de espaguete com manteiga, do qual havia tempos imemoriáveis estávamos privados.

Entramos numa venda, colocamos no balcão todas as nossas posses e explicamos à dona da mercearia, da melhor maneira possível, nossas intenções. Disse-lhe, como de costume, que falava alemão, mas que não era alemão; éramos italianos de partida e queríamos comprar espaguete, manteiga, sal, ovos, morangos e açúcar, nas proporções mais oportunas, com um montante de sessenta e três zloty, nem mais nem menos.

A dona da mercearia era uma velhota enrugada, de aspecto rabugento e desconfiado. Olhou-nos atentamente, através de seus óculos de tartaruga, e depois disse-me claramente, em ótimo alemão, que, a seu juízo, não éramos absolutamente italianos. Primeiramente, falávamos alemão, mesmo que mal; depois, e principalmente, os italianos têm os cabelos negros e os olhos apaixonados, e nós não tínhamos nem uma coisa nem outra. No máximo, podia considerar-nos croatas: aliás, pensando bem, encontrara alguns croatas que se pareciam conosco. Éramos croatas, estava fora de discussão.

Fiquei muito aborrecido e disse-lhe bruscamente que éramos italianos, gostasse disso ou não; judeus italianos, um de Roma e um de Turim; que vínhamos de Auschwitz e que voltávamos para casa, e queríamos comprar e pagar, e não perder tempo com balelas.

Judeus de Auschwitz? O olhar da velha fez-se doce, e até mesmo as rugas pareceram relaxar. Então, era diferente. Levou-nos ao fundo da mercearia, fez-nos sentar, ofereceu-nos dois copos de autêntica cerveja, e, sem perder tempo, contou-nos com orgulho sua história fabulosa: a sua epopeia, próxima no tempo, mas já amplamente transfigurada em canção de gesta, polida e aperfeiçoada por inumeráveis repetições.

Sabia de Auschwitz, e tudo quanto se referisse a Auschwitz a interessava, porque arriscara ir para lá. Não era polonesa, mas alemã: naquela época, tinha com seu marido uma mercearia, em Berlim. Jamais gostaram de Hitler, e talvez tivessem sido bastante incautos ao deixar passar à vizinhança suas próprias opiniões: em 1935, seu marido fora levado pela Gestapo, e nada mais soube a seu respeito. Fora uma dor enorme, mas era preciso comer, e ela continuara em sua atividade até 1938, quando Hitler, "der Lump", fizera no rádio o famoso discurso, no qual declarava que queria fazer a guerra.

Ela, então, se indignara, e escrevera. Escrevera-lhe pessoalmente, "Ao senhor Adolph Hitler, chanceler do Reich, Berlim", mandando-lhe uma longa carta, na qual o aconselhava firmemente a não fazer a guerra porque muitas pessoas morreriam, e, além disso, demonstrava que, se a fizesse, a perderia, pois a Alemanha não podia vencer o mundo inteiro, e até mesmo um menino compreenderia isso. Pusera nome, sobrenome e endereço: depois, ficara esperando.

Passados cinco dias, chegaram os camisas-negras, e, com o pretexto de fazer uma busca, saquearam e destruíram a casa e a mercearia. O que encontraram? Nada, ela não fazia política: apenas a minuta da carta. Duas semanas depois, chamaram-na à Gestapo. Imaginava que iriam surrá-la e despachá-la para o Lager: em vez disso, trataram-na com desprezo grosseiro, disseram-lhe que deveriam enforcá-la, mas que haviam se convencido de que ela era apenas "eine alte blöde Ziege", "uma velha cabra estúpida", para quem a corda seria um desperdício. Todavia, retiraram-lhe a licença comercial e expulsaram-na de Berlim.

Vivera, na Silésia, do mercado negro e de diversos expedientes, até que os alemães, segundo as suas previsões, começaram a perder a guerra. Então as autoridades polonesas não demoraram a conceder-lhe a licença para a mercearia, já que toda a vizinhança sabia o que ela fizera. Assim, agora, vivia em paz, fortificada pelo pensamento de quanto o mundo seria melhor se os poderosos da terra dessem ouvidos a seus conselhos.

Na véspera da partida, Leonardo e eu devolvemos as chaves do ambulatório e nos despedimos de Maria Fiódorovna e do dr. Danchenko. Maria se mostrava silenciosa e triste; perguntei-lhe por que não vinha conosco para a Itália, ao que enrubesceu, como se lhe tivesse feito uma proposta desonesta. Interveio Danchenko: trazia uma garrafa de álcool e dois papéis. Pensamos, primeiramente, que o álcool fosse uma contribuição pessoal sua, para a lotação de remédios da viagem: mas não, era para o brinde de adeus, que trocamos dolorosamente.

E os papéis? Ouvimos estupefatos que o Comando esperava de nossa parte duas declarações de agradecimentos pela humanidade e retidão com que fomos tratados em Katowice;

Danchenko pediu, além disso, que mencionássemos explicitamente a sua pessoa e a sua atividade, e que assinássemos, acrescentando ao nosso nome a qualificação "doutor em medicina". Leonardo podia fazer isso, como acabou fazendo; mas, no meu caso, tratava-se de uma falsificação. Eu estava perplexo, e tentei demonstrá-lo a Danchenko; mas este surpreendeu-se com meu formalismo, e, batendo com o dedo no papel, disse-me, irado, para não fazer histórias. Assinei como ele queria. Por que privá-lo de uma pequena ajuda na sua carreira?

Mas a cerimônia ainda não terminara. Danchenko, por sua vez, trouxe dois atestados, escritos à mão, numa bela caligrafia, em dois papéis com pauta, arrancados evidentemente de um caderno escolar. Naquele que a mim se destinava, declarava-se com desenvolta generosidade que "O médico doutor Primo Levi, de Turim, prestou, por quatro meses, o seu trabalho hábil e diligente à enfermaria deste Comando, razão pela qual mereceu a gratidão de todos os trabalhadores do mundo".

No dia seguinte, o nosso sonho de sempre tornara-se realidade. Na estação de Katowice um trem nos esperava: um longo trem de vagões de carga, de que nós, italianos (éramos aproximadamente oitocentos), tomamos posse com fragorosa alegria. Odessa; depois, uma fantástica viagem pelo mar através das portas do Oriente; e, finalmente, a Itália.

A perspectiva de percorrer muitas centenas de quilômetros naqueles vagões avariados, dormindo no chão, não nos preocupava em absoluto, e nem sequer nos preocupavam as ridículas reservas alimentares preparadas pelos russos: um pouco de pão, e uma caixa de margarina de soja para cada vagão. Era margarina de origem americana, extremamente salgada e dura como queijo parmesão: destinada evidentemente a climas tropicais, fora acabar em nossas mãos por meio de inimagináveis peripécias. O resto, nos asseguraram os russos, com habitual despreocupação, seria distribuído durante a viagem.

Aquele trem partiu em meados de junho de 1945, carregado de esperança. Não havia nenhuma escolta, nenhum russo a bordo: o responsável pelo comboio era o dr. Gottlieb, que se agregara espontaneamente, e que acumulava as funções de intérprete, médico e cônsul da comunidade itinerante. Nós nos sentíamos em boas mãos, longe de toda dúvida ou incerteza: em Odessa, esperava-nos um navio.

A viagem durou seis dias, e, se no decurso desta não fomos levados à mendicância ou ao banditismo, e se, ao contrário, chegamos ao final da viagem em boas condições alimentares, o mérito deve ser todo creditado ao dr. Gottlieb. Imediatamente após a partida, pareceu claro que os russos de Katowice nos mandaram para uma viagem desvairada, sem tomar qualquer providência ou fazer acordo com seus colegas de Odessa e das etapas intermediárias. Quando nosso comboio parou numa estação (e parava com frequência e longamente, pois o tráfego da linha e os transportes militares tinham prioridade), ninguém sabia o que fazer conosco. Os chefes de estação e os comandantes viam a nossa chegada com olhar atônito e desolado, ansiosos para se desembaraçarem de nossa incômoda presença.

Mas Gottlieb estava lá, cortante como uma espada; não havia questões burocráticas, barreira de negligência ou obstinação de funcionário que ele não conseguisse resolver em poucos minutos, todas as vezes de maneiras diferentes. Qualquer dificuldade desfazia-se completamente diante de seu atrevimento, de sua alta fantasia, e de sua presteza de espadachim. A cada encontro com o monstro de mil faces, que habita os locais onde se acumulam módulos e circulares, voltava para nós, radiante pela vitória, como um são Jorge após o duelo com o dragão, e nos contava os rápidos acontecimentos, bastante consciente de sua superioridade para se vangloriar.

O chefe da estação, por exemplo, exigiu o documento de nossa marcha, que notoriamente não existia; Gottlieb disse que ia buscá-lo: entrou no guichê do telégrafo e fabricou rapidamente um documento, compilado no mais verossímil dos jargões de repartição, num papel qualquer que havia sido completamente abarrotado de carimbos, selos e assinaturas ilegíveis, que o tornavam santo e venerando, como se fora uma autêntica emanação do Poder. Ou então, quando se apresentou ao escritório de um Kommandantur e notificou, respeitosamente, que havia oitocentos italianos na estação, que não tinham o que comer. O furriel respondera "nichevó", que a sua loja estava vazia, que era necessária a autorização, que providenciaria no dia seguinte, e tentou desajeitadamente colocá-lo na rua, como um pedinte enfadonho; mas ele sorriu e disse-lhe: "Companheiro, você não entendeu. Esses italianos *devem* receber comida, hoje mesmo: é uma ordem de Stálin"; e os víveres chegaram num relâmpago.

Para mim, todavia, aquela viagem se tornava demasiadamente penosa. Eu devia estar curado da pleurite, mas o meu corpo vivia uma declarada rebelião e parecia decidido a zombar dos médicos e dos remédios. Todas as noites, durante o sono, invadia-me furtivamente a febre: uma febre intensa, de natureza desconhecida, que atingia o seu ápice pela manhã. Acordava prostrado, semiconsciente, com um pulso, um cotovelo, ou um joelho imobilizados por dores lancinantes. Permanecia deitado no chão do trem ou no cimento das plataformas, tomado pelo delírio e pela dor, até meio-dia: depois, dentro de poucas horas, tudo voltava à ordem, e ao cair da tarde eu me sentia em condições praticamente normais. Leonardo e Gottlieb olhavam para mim perplexos e impotentes.

O trem percorria planícies cultivadas, cidades e aldeias sombrias, florestas densas e selvagens, que eu acreditava terem desaparecido havia milênios do coração da Europa: coníferas e bétulas tão densas que, para receberem a luz do sol, em vista da recíproca concorrência, eram obrigadas a se esticarem desesperadamente para o alto, numa verticalidade opressora. O trem abria caminho como num túnel, numa penumbra verde-escura, por entre os troncos secos e desnudos, sob o arco altíssimo e contínuo dos ramos densamente entrelaçados. Rzeszów, Przemysl, em suas ameaçadoras e sinistras fortificações, Lvov.

Em Lvov, cidade-esqueleto, devastada pelos bombardeios e pela guerra, o trem parou durante uma noite de dilúvio. O teto do nosso vagão não era de zinco: tivemos que descer, e buscar abrigo. Não encontramos coisa melhor do que a passagem subterrânea de serviço: escura, dois dedos de lama, e ferozes correntes de ar. Mas, na metade da noite, chegou pontualmente a febre, como uma piedosa pancada na cabeça, para trazer-me o benefício ambíguo da inconsciência.

Ternopol, Proskurov. Em Proskurov o trem chegou no crepúsculo, a locomotiva foi separada, e Gottlieb assegurou-nos que até a manhã seguinte não partiríamos. Assim nos dispusemos a pernoitar na estação. A sala de espera era bastante ampla: César, Leonardo, Daniel e eu tomamos posse de um canto. César seguiu para a aldeia na qualidade de encarregado da subsistência, e voltou pouco depois com ovos, verduras e um pacotinho de chá.

Acendemos o fogo no chão (não éramos os únicos, nem os primeiros: a sala estava constelada de sobras de inumeráveis bivaques de pessoas que nos precederam, e o teto e as paredes eram negros como os de uma velha cozinha). César fez cozinhar os ovos e preparou um chá abundante e com bastante açúcar.

Ora, ou aquele chá era bem mais forte do que o nosso, ou César devia ter errado na dose, pois toda a sombra de sono e de cansaço nos abandonou, e nos sentimos, ao contrário, vivificados por um estado de alma não habitual, álacre, hilário, atento, lúcido, sensível. Por isso, cada fato e cada palavra daquela noite ficaram impressos na memória, e posso falar a respeito como de algo ocorrido ontem.

A luz diurna esmaecia com extremo vagar, primeiro rósea, depois violeta, finalmente acinzentada; seguiu-se o esplendor prateado de um morno plenilúnio. Junto a nós, que fumávamos e conversávamos animadamente, sentadas numa caixa de madeira, duas meninas muito jovens e vestidas de preto. Falavam entre si: Não em russo, mas em ídiche.

"Você entende o que elas estão dizendo?", perguntou César.

"Algumas palavras."

"Vamos, fala. Vê se elas topam."

Naquela noite tudo me parecia fácil, até mesmo entender o ídiche. Com uma audácia não costumeira, dirigi-me às meninas, cumprimentei-as, e, esforçando-me para imitar a pronúncia, perguntei-lhes em alemão se eram judias, e disse-lhes que nós quatro éramos judeus. As meninas (tinham, talvez, dezesseis ou dezoito anos) explodiram numa risada: "Ihr sprecht keyn Jiddisch: ihr seyd ja keyne Jiden!": "Vocês não falam ídiche: logo, não são judeus!". Em sua linguagem a frase equivalia a um rigoroso raciocínio.

Mesmo assim, somos judeus, expliquei-lhes. Judeus italianos: os judeus, na Itália e em toda a Europa Ocidental, não falam ídiche.

Era uma grande novidade para as meninas, uma curiosidade cômica, como se alguém afirmasse que existiam franceses que não falavam francês. Tentei recitar-lhes o início do *Shemá*, a oração fundamental israelita: a incredulidade atenuou-se, mas só fez aumentar a própria alegria. Quem ouvira pronunciar o hebraico de maneira tão ridícula?

A mais velha chamava-se Sore: tinha um pequeno rosto arguto e malicioso, cheio de covinhas assimétricas; parecia que aquela nossa conversa, trôpega e difícil, era para ela uma diversão pungente, como se lhe fizesse cócegas.

Mas então, se éramos judeus, todos os outros também o eram, disse-me, acenando com gesto circular para os oitocentos italianos que abarrotavam a sala. Que diferença havia entre nós e eles? A mesma língua, os mesmos rostos, as mesmas roupas. Não, expliquei-lhes; aqueles eram cristãos, vinham de Gênova, de Nápoles, da Sicília: talvez alguns daqueles tivessem sangue árabe nas veias. Sore olhava, perplexa: era uma grande confusão. Em seu país as coisas eram muito mais claras: um judeu é um judeu, e um russo, um russo, não havia dúvidas nem ambiguidades.

Eram duas refugiadas, disse-me. Eram de Minsk, na Rússia Branca; quando os alemães começaram a se aproximar, sua família pediu para ser transferida para o interior da União Soviética, com o objetivo de fugir à destruição dos Einsatzkommandos [forças-tarefas] de Eichmann. O pedido fora acolhido ao pé da letra: todos haviam sido mandados a quatro mil quilômetros de sua aldeia, em Samarcanda, Usbequistão, às portas do Teto do Mundo, diante das montanhas que chegavam a sete mil metros. Ela e a irmã eram ainda meninas: a mãe morrera mais tarde, e o pai fora convocado para algum serviço da fronteira. Sozinhas, aprenderam o usbeque e muitas outras coisas fundamentais: viver dia após dia, viajar pelos continentes com uma pequena mala para dois, viver, afinal, como as aves do céu, que não fiam nem tecem e não se preocupam com o amanhã.

Assim eram, Sore e a sua silenciosa irmã. Encontravam-se, como nós, no caminho de volta. Deixaram Samarcanda em março e se puseram a caminhar como uma pluma que se abandona ao vento. Percorreram, uma parte em caminhonete e outra a pé, o Kara-Kum, o deserto das Areias Negras: chegaram de trem a Krasnovodzk, no Cáspio, e lá esperaram até que um pesqueiro as transportasse para Baku. Continuaram depois de Baku, sempre com meios improvisados, pois, se não tinham dinheiro, tinham em troca uma ilimitada confiança no futuro e no próximo, e um amor inato e intacto pela vida.

Todos dormiam: César assistia irrequieto à conversa, perguntando, de quando em quando, se os preliminares haviam terminado, e se havíamos chegado à questão; depois, desiludido, saiu ao ar livre, à procura de aventuras mais concretas.

A paz da sala de espera e a história das duas irmãs foram interrompidas bruscamente por volta da meia-noite. Uma rajada de vento escancarou brutalmente uma porta, que ligava, por meio de um pequeno corredor, a sala maior com uma outra sala menor, reservada aos militares de passagem. Na soleira, apareceu um soldado russo, bastante jovem e bêbado: deu um olhar vago à sua volta e, depois, partiu cabisbaixo, com medonhos zigue-zagues, como se, de repente, o chão se inclinasse fortemente debaixo de seus pés. Encontravam-se de pé, no corredor, três oficiais soviéticos, absortos na conversa. Quando o jovem soldado chegou perto deles, parou em posição de sentido, cumprimentou-os militarmente, e os três responderam dignamente à saudação. Depois voltou a partir em semicírculos, como um patinador, passou com precisão pela porta que dava para fora, e o vimos vomitar e soluçar rumorosamente na plataforma. Voltou com um andar pouco menos incerto, saudou novamente os três oficiais impassíveis e desapareceu. Após um quarto de hora, a cena repetiu-se, idêntica, como num pesadelo: entrada dramática, saudação, apressado percurso, desvio entre as pernas dos que dormiam, saída ao ar livre, descarga, retorno, saudação; e assim, sucessivamente, por infinitas vezes, com intervalos regulares, sem que nenhum dos três lhe dedicasse mais do que um distraído olhar e uma correta saudação com a mão na viseira.

Assim se passou aquela noite memorável, até que a febre me venceu: deitei-me no chão, transido de arrepios. Veio Gottlieb, trazendo um remédio insólito: meio litro de vodca grosseira, um destilado clandestino que comprara dos camponeses dos arredores: sabia a mofo, vinagre e fogo. "Bebe", disse-me, "bebe tudo. Vai lhe fazer bem, mesmo porque não temos nada para a sua doença."

Bebi, não sem esforço, o filtro infernal, queimando minha boca e minha garganta, e logo mergulhei no nada. Quando acordei, na manhã seguinte, senti-me sufocado por um grande peso: mas não era a febre, tampouco um pesadelo. Eu estava sepultado sob um estrato de outros que dormiam, numa espécie de incubadora humana: gente chegada durante a noite que só encontrara lugar em cima daqueles que já estavam deitados no chão. Tinha sede: graças à ação combinada da vodca e do calor animal, devia ter perdido muitos litros de suor. O tratamento singular devia ter tido pleno sucesso: a febre e as dores haviam desaparecido definitivamente, e não voltaram mais.

O trem tornou a partir e em poucas horas chegamos a Zhmerinka, entroncamento ferroviário a trezentos e cinquenta quilômetros de Odessa. Ali nos esperava uma grande surpresa e uma feroz desilusão. Gottlieb, que se reunira com o comando militar local, voltou ao comboio, indo de vagão em vagão, para comunicar-nos que todos deviam descer: o trem não ia continuar.

Por que não ia continuar? Como e quando chegaríamos a Odessa? "Não sei", respondeu Gottlieb, embaraçado, "ninguém sabe. Sei apenas que devemos descer do trem, e nos acomodar de alguma forma nas calçadas, e esperar ordens." Estava palidíssimo e visivelmente perturbado.

Descemos e pernoitamos na estação: a derrota de Gottlieb, a primeira, parecia-nos um péssimo auspício. Na manhã seguinte, nosso guia, junto com os inseparáveis irmão e cunhado, desaparecera. Desapareceram no nada, com toda a sua vistosa bagagem: alguém disse que os vira confabulando com ferroviários russos e subindo, durante a noite, num trem militar, que partia para Odessa, para a fronteira polonesa.

Permanecemos em Zhmerinka por três dias, oprimidos por inquietude, frustração ou terror, segundo o temperamento e os fragmentos das informações que conseguíamos arrancar dos russos do local. Estes não manifestavam nenhum assombro diante da nossa sorte e da nossa parada forçada, e respondiam às nossas perguntas dos modos mais desconcertantes. Um russo nos disse que sim, que de Odessa partiram diversos navios com militares ingleses e americanos que foram repatriados, e nós também, mais cedo ou mais tarde, embarcaríamos: tínhamos o que comer, Hitler não existia mais, por que nos devíamos queixar? Um outro nos disse que, na semana anterior, um comboio de franceses, em viagem para Odessa, fora detido em Zhmerinka e desviado para o Norte "porque os trilhos estavam interrompidos". Um terceiro informou que vira com seus próprios olhos um transporte de prisioneiros alemães em viagem para o Extremo Oriente: segundo ele a coisa era clara, não éramos, talvez, aliados dos alemães? Pois bem, iam nos mandar também cavar trincheiras no front japonês.

Para complicar as coisas, no terceiro dia chegou a Zhmerinka, proveniente da Romênia, outro comboio de italianos. Tinham estes um aspecto muito diferente do nosso: eram, aproximadamente, seiscentos homens e mulheres, bem vestidos, com malas e baús; alguns com máquina fotográfica no pescoço, quase turistas. Olhavam-nos de alto a baixo como parentes pobres: tinham viajado até lá num trem regular de vagões de passageiros, pagando o bilhete, e estavam em dia com o passaporte, dinheiro, documentos de viagem, registro, folha corrida coletiva para a Itália, via Odessa. Se tivéssemos obtido dos russos a permissão de nos reunirmos com eles, também chegaríamos a Odessa.

Com muita complacência, fizeram-nos entender que eles, de fato, eram pessoas importantes: funcionários civis e militares da legação italiana de Bucareste e, além disso, gente variada, que, após a dissolução da Armir [Armata italiana in Russia], permanecera na Romênia com diversas funções, ou procurando tirar vantagens na confusão. Havia entre eles núcleos familiares completos, maridos e mulheres romenas autênticas, e numerosas crianças.

Mas os russos, diferentemente dos alemães, possuem apenas em pequena medida o talento para as distinções e as classificações. Poucos dias depois, estávamos todos de viagem para o Norte, para um destino impreciso, de todas as maneiras, para um novo exílio. Italianos-romenos e italianos-italianos, todos, nos mesmos vagões de carga, todos com o coração apertado, todos em poder da indecifrável burocracia soviética, obscura e gigantesca potência, que não era malévola contra nós, mas desconfiada, insipiente, contraditória, e cega nos efeitos tal uma força da natureza.

PARA O NORTE

NOS POUCOS DIAS QUE PASSAMOS em Zhmerinka reduzimo-nos à mendicância; o que, naquelas condições, nada tinha em si de particularmente trágico, diante da muito mais grave perspectiva da partida iminente para um destino ignorado. Desprovidos, como estávamos, do talento extemporâneo de Gottlieb, havíamos sofrido em cheio o golpe da potência econômica superior dos "romenos": eles podiam pagar cinco vezes, dez vezes mais do que nós, e o faziam, porque eles também haviam esgotado as reservas alimentares, e porque também intuíam que estávamos partindo para um lugar onde o dinheiro teria escassa importância, e seria difícil conservá-lo.

Estávamos acampados na estação e íamos muitas vezes ao povoado. Casas baixas, desiguais, construídas com curioso e divertido desprezo pela geometria e pela norma: fachadas quase alinhadas, muros quase verticais, ângulos quase retos; mas aqui e ali algum pilar que imitava uma coluna, com pretensioso capitel em espiral. Frequentes tetos de palha, interiores esfumaçados e escuros, nos quais se podia entrever o enorme aquecedor central com as suas grandes enxergas, onde dormíamos, e os ícones negros num canto. Numa esquina, cantava um menestrel, gigantesco, envelhecido, descalço: olhava para o céu com olhos apagados e de tempos em tempos baixava a cabeça e fazia sinais com o polegar na testa.

Na rua principal, cravada sobre duas pequenas estacas no chão lodoso, havia uma mesa de madeira, na qual estava desenhada a Europa, já esmaecida, em virtude dos sóis e das chuvas dos muitos verões. Devia ter servido para acompanhar os boletins de guerra, mas fora desenhada de cor, como se fosse vista a uma grande distância: a França era decididamente uma cafeteira, a península Ibérica uma cabeça de perfil, com o nariz que saía de Portugal, e a Itália, uma autêntica bota, um pouco mais oblíqua, com a sola e o salto bastante lisos e alinhados. Na Itália estavam indicadas apenas quatro cidades: Roma, Veneza, Nápoles e Dronero.

Zhmerinka era uma grande aldeia agrícola, em outros tempos lugar de mercado, como se podia deduzir da vasta praça central, de terra batida, com numerosas filas paralelas de barras de ferro, prontas para nelas se amarrarem os animais pelo cabresto. Encontrava-se agora rigorosamente vazia: apenas num canto, à sombra de um carvalho, estava acampada uma tribo de nômades, visão saída de milênios distantes.

Homens e mulheres estavam cobertos de pele de cabra, fechadas nos membros por correias de couro: traziam nos pés calçados de casca de bétula. Eram diversas famílias, umas vinte pessoas, e suas casas eram uma carroça enorme, maciça, parecida com uma máquina de guerra, feita de traves mal esquadrinhadas e colocadas por encaixe apoiado sobre vastas rodas de madeira: deviam sofrer para puxar os quatro cavalões peludos, que vimos pastar pouco adiante. Quem eram, de onde vinham e para onde iam? Não sabíamos: entretanto, naqueles dias, nós os considerávamos singularmente próximos, arrastados, como nós, pelo vento, entregues, como nós, à mutabilidade de um arbítrio distante e ignorado, cujo símbolo eram as rodas que transportavam a nós e a eles, na estúpida perfeição do círculo, sem princípio e sem fim.

Não longe da praça, ao longo da ferrovia, topamos com outra aparição alvissareira. Um depósito de troncos, pesados e toscos, como todas as coisas daquela aldeia, onde não existe espaço para o delicado e o acabado: entre os troncos deitados ao sol, queimados pelo sol, encontrava-se uma dezena de ferozes prisioneiros alemães. Ninguém os vigiava, ninguém os comandava, ninguém se preocupava com eles: segundo todas as aparências, haviam sido esquecidos, abandonados puramente à própria sorte.

Trajavam farrapos descoloridos, nos quais se reconheciam, contudo, os orgulhosos uniformes da Wehrmacht [as forças armadas da Alemanha]. Tinham rostos pálidos, alucinados, selvagens: habituados a viver, a operar, a combater dentro dos esquemas férreos da Autoridade, seu sustento e alimento, com o fim da própria autoridade encontraram-se impotentes, exânimes. Aqueles bons súditos, bons executores de todas as ordens, bons instrumentos do poder, não possuíam sequer uma parcela de poder. Estavam esvaziados e inertes, como as folhas mortas que o vento amontoa nos lugares recônditos: não procuraram salvar a pele na fuga.

Eles nos viram, e alguns caminharam em nossa direção com seus passos incertos de autômatos. Pediram-nos pão: não em sua língua, mas em russo. Recusamos, pois o nosso pão era precioso. Mas Daniel não recusou: Daniel, a quem os alemães haviam matado a mulher, o irmão, os pais, e não menos do que trinta parentes; Daniel, que, da razia no gueto de Veneza, era o único sobrevivente, e que desde o dia da libertação alimentava-se com a sua dor, tirou um pão e o mostrou àqueles fantasmas, e o pôs no chão. Mas pretendeu que viessem pegá-lo, arrastando-se no chão: o que fizeram docilmente.

Que grupos de ex-prisioneiros aliados tivessem embarcado em Odessa meses antes, como alguns russos nos disseram, devia ser verdade, porquanto a estação de Zhmerinka, nossa temporária e pouco íntima residência, ainda mostrava as suas marcas: um arco do triunfo feito de ramos, já murchos, onde estava a inscrição "Viva as Nações Unidas"; e enormes, horríveis retratos de Stálin, Roosevelt e Churchill, com palavras que enalteciam a vitória contra o inimigo comum. Mas o breve tempo da concórdia, entre os três grandes aliados, devia agora chegar ao fim, pois os retratos estavam apagados e desbotados pelas intempéries, e foram depostos durante a nossa estada. Chegou um pintor: ergueu um andaime ao longo da fachada da estação e fez desaparecer sob uma camada de reboco as palavras "Proletários de todo o mundo, uni-vos!"; em lugar das quais, com uma leve sensação glacial, letra após letra, vimos nascer outras bem diversas: "Uperëd na Zapád", "Avante para o Ocidente".

O repatriamento dos militares aliados já terminara, mas outros comboios chegavam e partiam para o Sul, sob os nossos olhos. Eram comboios russos, mas bem diferentes dos comboios militares, gloriosos e caseiros, que vimos transitar por Katowice. Era o comboio das mulheres ucranianas que voltavam da Alemanha: mulheres somente, pois os homens seguiram como soldados ou franco-atiradores, ou haviam sido mortos pelos alemães.

O exílio delas fora diferente do nosso e daquele dos prisioneiros de guerra. Não todas, mas a maior parte abandonara "voluntariamente" o seu país. Uma vontade forçada, chantageada, longe da mentira e da propaganda nazista, sutil e pesada, ameaçadora e que se tornava mais suave nos cartazes, nos jornais, no rádio: mas, mesmo assim, uma vontade, um consentimento. Mulheres dos dezesseis aos quarenta anos, centenas de milhares, camponesas, estudantes, operárias, haviam deixado os campos devastados, as escolas fechadas, as oficinas destruídas, pelo pão dos invasores. Não poucas eram mães: por causa do pão deixaram os filhos. Na Alemanha encontraram pão, arame farpado, o trabalho duro, a ordem alemã, a servidão e a vergonha: e sob o peso da vergonha eram agora repatriadas, sem felicidade e sem esperança.

A Rússia vencedora não tinha indulgência para elas. Voltavam para casa em vagões de carga, frequentemente abertos, divididos horizontalmente por um tapume, para que o espaço fosse mais aproveitado: sessenta, oitenta mulheres por vagão. Não tinham bagagem: apenas as roupas gastas e desbotadas que vestiam. Corpos jovens, ainda robustos e saudáveis, mas rostos fechados e pungentes, olhos fugidios, uma conturbadora, animalesca humilhação e resignação; nenhuma voz saía daqueles emaranhados de membros, que se desfaziam preguiçosamente, quando os vagões paravam na estação. De animais humilhados e domados constituía-se a própria inércia, o próprio afastamento, a própria dolorosa falta de pudor. Nós assistíamos com piedade e tristeza à sua passagem, novo testemunho e novo aspecto da pestilência que prostrara a Europa.

* * *

Partimos de Zhmerinka no final de junho, oprimidos por uma dolorosa angústia, nascida da desilusão e da incerteza de nosso destino, e que encontrara uma obscura ressonância e confirmação nas cenas a que havíamos assistido em Zhmerinka.

Incluídos os "romenos", éramos mil e quatrocentos italianos. Fomos transportados em uns trinta vagões de carga, que foram engatados num comboio que seguia para o Norte. Ninguém, em Zhmerinka, soube ou quis precisar o nosso destino: mas íamos para o Norte, longe do mar, longe da Itália, para a prisão, a solidão, a escuridão, o inverno. Apesar de tudo, consideramos um bom sinal não terem distribuído provisões para a viagem: talvez não durasse muito tempo.

Viajamos, com efeito, durante dois dias e uma noite apenas, com pouquíssimas paradas, através de um cenário majestoso e monótono de estepes desertas, de florestas, de aldeias perdidas, de rios lentos e largos. Apinhados nos vagões de carga, estávamos mal acomodados: na primeira noite, aproveitando uma parada, César e eu descemos para esticar as pernas e buscar uma posição melhor. Notamos que havia mais à frente vários vagões de passageiros e um vagão-enfermaria: parecia vazio. "Por que não subimos?", propôs César. "É proibido", respondi insipidamente. Por que, com efeito, devia ser proibido, e por quem? De resto, já pudéramos constatar em diversas ocasiões que a religião ocidental (e alemã, em particular) da proibição diferencial não possui raízes profundas na Rússia.

O vagão-enfermaria não somente estava vazio, mas oferecia requintes de sibaritas. Tanques eficientes, com água e sabão; suspensões suaves que abrandavam o solavanco das rodas; magníficos leitos suspensos por molas reguláveis, com lençóis brancos e cobertas quentes. Na cabeceira da cama que eu escolhera, dádiva superbeneficente do destino, encontrei nada mais nada menos do que um livro em italiano: *Os meninos da rua Paulo*, que eu não lera quando criança. Enquanto os companheiros já nos declaravam dispersos, passamos uma noite de sonho.

O trem passou por Berezina, no final do segundo dia de viagem, enquanto o sol, vermelho como a romã, pondo-se oblíquo entre os troncos, com vagar encantador, vestia de luz sanguínea as águas, os bosques e a planície épica, coberta, todavia, por destroços de armas e de tanques. A viagem terminou poucas horas depois, em plena noite, no auge de um violento temporal. Fizeram-nos descer sob o dilúvio, numa escuridão absoluta, interrompida, de quando em quando, pelos relâmpagos. Caminhamos por meia hora em fila indiana, na erva e no lodo, cada qual agarrado como um cego ao homem que o antecedia, e não sei quem guiava o primeiro da fila; atracamos, afinal, molhados até os ossos, a um enorme edifício escuro, semidestruído pelos bombardeios. Continuava a chover, o pavimento estava molhado e cheio de lama, e mais água caía das frestas do teto: esperamos o dia num torpor fatigante e passivo.

Nasceu um dia esplêndido. Saímos ao ar livre, e só então percebemos que havíamos pernoitado na plateia de um teatro, que nos encontrávamos num amplo complexo de casernas soviéticas, destruídas e abandonadas. Todos os edifícios, além disso, foram submetidos a uma devastação e espoliação teutonicamente meticulosa: os exércitos alemães em fuga levaram tudo quanto puderam: as fechaduras, as grades, os corrimãos, todas as instalações da iluminação e do aquecimento, as tubulações de água, e até mesmo as trancas do recinto. Das paredes, tiraram até o último prego. De um entroncamento ferroviário adjacente, foram arrancados os trilhos e os dormentes: usando uma máquina especial, disseram os russos.

Mais de um saque, afinal: o gênio da destruição, da contracriação, aqui como em Auschwitz; a mística do vazio, além de toda exigência de guerra ou ímpeto de rapina.

Mas não puderam levar os inesquecíveis afrescos que recobriam as paredes internas: obras de algum anônimo poeta-soldado, ingênuas, fortes e toscas. Três cavaleiros gigantes, armados com espadas, elmos e clavas, fixados sobre um outeiro, no momento de dirigir o olhar para um interminável horizonte de terras virgens a serem conquistadas. Stálin, Lênin, Molotóv, reproduzidos com afeto reverente nas intenções, com audácia sacrílega nos efeitos, e reconhecíveis, precípua e respectivamente, pelos grandes bigodes, a barbicha e os óculos. Uma aranha imunda, no centro de uma grande teia na parede: um tufo negro atravessando os olhos, uma suástica nas costas, e escrito, logo abaixo: "Morte aos invasores hitleristas". Um soldado soviético acorrentado, alto e louro, erguendo a mão algemada para julgar os seus juízes: e estes, às centenas, uns diante dos outros, sentados nos assentos de um tribunal-anfiteatro, não passam de nojentos homens-insetos, de rostos amarelos e cinzentos, aduncos, subvertidos, macabros como se fossem crânios, encolhidos, uns contra os outros, como lêmures que fogem da luz, rechaçados no vazio do gesto profético do herói-prisioneiro.

Nessas casernas espectrais e em parte a céu aberto nos pátios espaçosos, invadidos pela grama, acampavam milhares de estrangeiros em trânsito, como nós, pertencentes a todas as nações da Europa.

O calor benéfico do sol começava a penetrar a terra úmida e tudo ao nosso redor fumegava. Afastei-me algumas centenas de metros do teatro, embrenhando-me num denso prado, onde eu queria me despir e enxugar ao sol: e bem no meio do prado, como se me esperasse, quem foi que vi, senão ele, Mordo Nahum, o meu grego, quase irreconhecível pela suntuosa obesidade e pelo impreciso uniforme soviético que usava: e ele me olhava com os olhos pálidos de um mocho, perdidos no rosto róseo, circular, de barba ruiva.

Acolheu-me com fraterna cordialidade, deixando cair no vazio a maligna pergunta que lhe fiz a propósito das Nações Unidas, que tão mal se ocupara dos seus gregos. Perguntou-me como eu andava: precisava de algo? de comida? de roupas? Sim, não o podia negar, precisava de muitas coisas. "Vamos providenciar", respondeu, misterioso e magnânimo. "Aqui eu valho alguma coisa." Fez uma breve pausa, e acrescentou: "Você precisa de uma mulher?".

Olhei-o embaraçado: temia não ter compreendido. Mas o grego, num amplo gesto, percorreu três quartos de horizonte com a mão: foi quando percebi que, em meio à erva alta, deitadas ao sol, próximas e distantes, jaziam dispersas umas vinte meninas sonolentas. Eram criaturas louras e rosadas, espadaúdas, de ossatura maciça e de plácido rosto bovino, vestidas em variadas formas rudimentares e incongruentes. "Vêm da Bessarábia", explicou-me o grego, "todas sob minha proteção. Os russos gostam delas assim, brancas e pequenas. Antes aqui era uma grande *pagaille*; mas, desde que eu tenho tratado disso, as coisas estão indo às mil maravilhas: limpeza, sortimento, discrição, e nenhum problema com dinheiro. É um bom negócio também: e algumas vezes, *moi aussi j'y prends mon plaisir*."

Voltou-me à mente, sob nova luz, o episódio do ovo cozido e o desafio desdenhoso do grego: "Vamos, diz algum artigo com que eu já não tenha trabalhado!". Não, eu não precisava de uma mulher, ou pelo menos naquele sentido. Separamo-nos, após um colóquio cordial; e, desde então, passado o turbilhão que assolara esta velha Europa, arrastando-a numa contradança selvagem de separações e de encontros, não reencontrei mais o meu professor grego, nem ouvi mais falar a seu respeito.

UMA "CURITZINHA"

O CAMPO ONDE EU REENCONTRARA por puro acaso Mordo Nahum, chamava-se Slutsk. Quem procurasse num bom mapa da União Soviética a pequena aldeia que leva esse nome, com um pouco de paciência, poderia igualmente encontrá-la, na Rússia Branca, a uma centena de quilômetros ao sul de Minsk. Mas a aldeia de Stáryie Doróghi, nosso último destino, não se encontra em nenhum mapa.

Em Slutsk, em julho de 1945, encontravam-se dez mil pessoas; digo pessoas, pois qualquer termo mais restritivo seria impróprio. Havia homens, e também um bom número de mulheres e crianças. Havia católicos, judeus, ortodoxos e muçulmanos; havia brancos e amarelos e diversos negros com uniforme americano; alemães, poloneses, franceses, gregos, holandeses, italianos e outros; e, além disso, alemães que pretendiam passar por austríacos, austríacos que se declaravam suíços, russos que se declaravam italianos, uma mulher vestida como um homem, e até mesmo, visível na multidão maltrapilha, um general magiar com ilustre uniforme, litigioso, colorido e estúpido como um galo.

Em Slutsk estávamos bem. Fazia calor, demasiado até; dormia-se no chão, e se não havia trabalho, não faltava comida para ninguém. Aliás, o serviço do refeitório era maravilhoso: segundo determinação russa, funcionava em revezamento, uma semana para cada uma das principais nacionalidades representadas no campo. Comia-se num lugar amplo, luminoso e limpo; cada mesa possuía oito talheres, bastava chegar à hora certa e sentar-se, sem inspeções, turnos ou filas, e logo chegava a procissão dos cozinheiros voluntários, com pratos surpreendentes, pão e chá. Durante a nossa breve estada, os húngaros estavam no poder: cozinhavam guisados na brasa, e enormes rações de espaguete com salsa, muito cozido e desvairadamente açucarado. Além disso, fiéis a seus ídolos nacionais, instituíram uma pequena orquestra cigana: seis músicos de aldeia, trajando calças de veludo e gibões de couro bordado, majestosos e suados, que começavam com o hino nacional soviético, aquele húngaro e a Hatikvá (em honra do forte núcleo de judeus húngaros), e prosseguiam, depois, com frívolas czardas intermináveis, até que o último comensal tivesse deposto os talheres.

O campo não era cercado. Era constituído por edifícios decrépitos, com um ou dois andares, alinhados nos quatro lados de um vasto espaço gramado, provavelmente a antiga praça de armas. Sob o sol luminoso do ardente verão russo, o lugar ficava constelado de gente adormecida, ou que se ocupava em catar piolhos, costurar as roupas, cozinhar em fogos improvisados; grupos mais animados jogavam bola ou boliche. No centro, dominava um enorme barracão de madeira, baixo, quadrado, com três entradas, todas do mesmo lado. Sobre as três arquitraves, em grandes caracteres cirílicos escritos com mão incerta, estavam escritas três palavras: "Mújskaia", "Jénskaia", "Ofitsérskaia", vale dizer, "Para homens", "Para mulheres", "Para oficiais". Era a latrina do campo, e, ao mesmo tempo, a sua característica mais saliente. No interior, havia somente um assoalho de tábuas desconexas, e cem buracos quadrados, dez por dez, como se fora uma gigantesca e rabelaisiana tábua pitagórica. Não havia subdivisões entre os três compartimentos destinados aos três sexos: ou se havia, desapareceram.

A administração russa não se preocupava absolutamente com o campo, tanto que fazia com que se duvidasse de sua existência: mas devia realmente existir, pelo fato de que lá se comia todos os dias. Em outros termos, era uma boa administração.

Passamos em Slutsk uns dez dias. Eram dias vazios, sem encontros, sem acontecimentos para ancorar a memória. Certa feita, experimentamos sair do retângulo das casernas e caminhar pela planície, recolhendo ervas comestíveis: mas, passada meia hora de caminhada, parecia que estávamos no mar, no centro do horizonte, sem árvore, colina, ou casa para escolher como meta. Para nós, italianos, habituados às montanhas, às colinas e à planície cheia de presenças humanas, o espaço russo imenso, heroico, dava vertigem e sobrecarregava o coração de lembranças dolorosas. Tentamos, depois, cozinhar as ervas que recolhêramos, mas os resultados foram escassos.

Eu encontrara num sótão um tratado de obstetrícia, em alemão, bem ilustrado, em cores, em dois pesados volumes: e visto que o papel impresso é para mim um vício, e que havia mais de um ano eu estava em jejum de leituras, passei as horas lendo sem método; ou então, dormindo ao sol, em meio às ervas silvestres.

Certa manhã, com velocidade misteriosa e fulminante, propagou-se entre nós a notícia de que deveríamos deixar Slutsk, a pé, para sermos alojados em Stáryie Doróghi, a setenta quilômetros de distância, num campo onde havia apenas italianos. Os alemães, em circunstâncias análogas, teriam coberto os muros com cartazes bilíngues, bem impressos, especificando a hora da saída, o equipamento prescrito, o quadro da marcha e a pena de morte para os renitentes. Os russos, ao contrário, deixaram que a ordem se propagasse por si própria, e que a marcha de transferência se organizasse por si mesma.

A notícia provocou certa agitação. Foram dez dias, passados mais ou menos bem em Slutsk, durante os quais nos havíamos ambientado, e temíamos, agora, deixar a extravagante abundância das cozinhas de Slutsk, quem sabe, em troca de uma condição miserável. Além disso, setenta quilômetros é muita coisa; ninguém entre nós estava preparado para tão longa marcha, e poucos dispunham de calçados adequados. Tentamos, em vão, obter notícias mais precisas do Comando russo: tudo quanto conseguimos saber foi que devíamos partir na manhã do dia 20 de julho, e que o Comando russo, na acepção da palavra, parecia não existir.

Na manhã do dia 20 de julho, encontramo-nos reunidos na praça central, como se fora uma imensa caravana de ciganos. No último momento, soubemos que entre Slutsk e Stáryie Doróghi existia um entroncamento ferroviário: todavia, a viagem no trem foi concedida apenas às mulheres e aos meninos, e, além disso, aos protegidos de sempre, e aos não menos espertos de sempre. Por outro lado, para contornar a tênue burocracia, que administrava nossos destinos, não era necessária uma astúcia excepcional: todavia, não muitos até então se haviam dado conta disso.

Por volta das dez horas, foi dada a ordem de partida e, logo após, uma contraordem. Depois dessa, seguiram-se numerosas outras falsas partidas, de tal modo que nos movemos apenas lá para o meio-dia, sem ter comido.

Para Slutsk e Stáryie Doróghi passa uma grande autoestrada, a mesma que liga Varsóvia a Moscou. Naquele tempo, encontrava-se em completo estado de abandono: era constituída por duas faixas laterais, em terra nua, destinada aos cavalos, e por uma central, já com asfalto, mas devastada pelas explosões e pelas correias dos blindados, e assim, portanto, pouco diversa das outras duas. Passa por uma interminável planície, praticamente desprovida de centros habitados, e, por isso mesmo, constituída por enormes troncos retilíneos: entre Slutsk e Stáryie Doróghi havia apenas uma curva levemente esboçada.

Partimos com uma certa confiança: o tempo estava esplêndido e nós estávamos bem nutridos, e a ideia de uma longa caminhada no coração daquele legendário país, os pântanos do Pripet, tinha em si um certo fascínio. Mas bem cedo mudamos de opinião.

Em nenhuma outra parte da Europa, é o que suponho, podemos caminhar por dez horas e permanecer sempre num mesmo ponto, como num pesadelo: ter sempre diante de si a estrada reta até o horizonte, sempre dos dois lados a estepe e a floresta, e sempre atrás outra estrada até o horizonte oposto, como o sulco de um navio, e sem aldeias, casas, fumaça, sem um marco que de algum modo assinale que um pouco de espaço foi conquistado; e não encontrar vivalma, a não ser o voo das gralhas, e um falcão cruzando preguiçosamente o vento.

Após algumas horas de marcha, a nossa coluna, inicialmente compacta, já se afrouxava por dois ou três quilômetros. No fim das fileiras, seguia uma carroça militar russa, puxada por dois cavalos e guiada por um suboficial irado e monstruoso: perdera na batalha os lábios, e do nariz até o queixo o seu rosto era um crânio aterrador. Devia recolher, suponho, os exaustos: ocupava-se, no entanto, em recuperar diligentemente as bagagens, que pouco a pouco iam sendo abandonadas no caminho pelos mais extenuados. Por pouco tempo nos iludimos julgando que ele entregaria os pertences na chegada: mas o primeiro que parou para esperar a carroça foi recebido com gritos, estalos de chicote e ameaças inarticuladas. Assim terminaram os dois volumes de obstetrícia, que constituíam, de longe, a parte mais pesada de minha bagagem pessoal.

No ocaso, nosso grupo seguia agora isolado. Caminhavam junto de mim o doce e paciente Leonardo; Daniel, claudicante e furioso pela sede e pelo cansaço; o sr. Unverdorben, com um amigo triestino; e César, naturalmente.

Paramos para respirar na única curva que interrompia a dura monotonia da estrada; havia uma cabana descoberta, talvez o único resto visível de uma aldeia varrida pela guerra. Descobrimos, atrás, um poço, no qual matamos voluptuosamente a nossa sede. Estávamos cansados e os nossos pés, inchados e chagados. Eu perdera, havia tempo, os meus sapatos de arcebispo, e herdara, sabe-se lá de quem, um par de sapatos de ciclista, leves como plumas; mas eram estreitos, e, por isso mesmo, eu os devia tirar, de quando em quando, e caminhar descalço.

Formamos uma pequena assembleia: e se os russos nos fizessem caminhar a noite toda? Nada surpreendente: uma vez, em Katowice, os russos nos fizeram descarregar botas de um trem, durante vinte e quatro horas, e eles também trabalharam conosco. Por que não nos escondermos? Em Stáryie Doróghi chegaríamos calmamente no dia seguinte: não havia, com toda a certeza, uma lista para fazer a chamada, a noite anunciava-se morna, havia água, e, embora não fosse muito, não faltaria algo para jantar. A cabana estava em ruínas, mas ainda havia um pouco de teto para nos proteger do sereno.

"Muito bem", disse César. "Eu fico. Quero preparar hoje à noite uma galinha assada."

Assim, ficamos escondidos no bosque até que a carroça com o esqueleto tivesse passado; esperamos que os últimos retardatários tivessem deixado o poço, e tomamos posse de nosso acampamento. Colocamos no chão as cobertas, abrimos os sacos, acendemos o fogo, e começamos a preparar o jantar, com pão, *kasha* de milho e uma lata de ervilhas.

"Mas que jantar", disse César; "mas que ervilhas! Vocês não estão entendendo. Eu quero dar uma festa hoje à noite, quero preparar uma galinha assada."

César é um homem indomável: eu já me convencera disso, caminhando com ele pelos mercados de Katowice. Foi inútil fazê-lo compreender que encontrar um frango de noite, em meio aos pântanos de Pripet, sem conhecer russo e sem ter dinheiro para pagá-lo, era um propósito insensato. Foi inútil oferecer-lhe uma dupla ração de *kasha*, contanto que ficasse quieto. "Fiquem aí com a kashinha de vocês: eu vou arrumar sozinho uma galinha, mas depois ninguém vai me ver mais não. Tchau para vocês, para os russos e para o barracão, vou-me embora, e volto para a Itália sozinho. Passando até pelo Japão."

Foi então que me ofereci para o acompanhar. Não tanto pela galinha ou pelas ameaças: mas porque gosto de César, de vê-lo trabalhando.

"Muito bem, Lapé", respondeu César. Lapé sou eu: assim me batizou César em tempos remotos, e assim ainda me chama, pela seguinte razão. Como é sabido, tínhamos no Lager os cabelos raspados; na libertação, após um ano sem cabelos, o cabelo de todos e os meus, em especial, voltaram a crescer curiosamente lisos e macios: naquele tempo, os meus eram ainda muito curtos, e César dizia que lhe recordavam a pele de coelho. Ora "coelho", aliás, "pele de coelho", no jargão mercadológico de que César é entendedor, diz-se, de fato, Lapé. Daniel, ao contrário, o barbudo, franzino e intratável Daniel, sedento de vingança e de justiça como um antigo profeta, chamava-se Corali: porque, dizia César, se chover coralinas (pequenas pérolas de vidro) você fica com todas.

"Muito bem, Lapé", respondeu: e explicou-me o seu plano. César é, com efeito, um homem de propósitos desvairados, mas os persegue com grande sentido prático. Ele não sonhara com a galinha: da cabana, na direção norte, percebera um atalho bem batido e, portanto, recente. Era provável que levasse a uma aldeia: ora, se houvesse uma aldeia, devia haver também galinhas. Saímos ao ar livre: era já quase escuro, e César tinha razão. À beira de uma apenas perceptível ondulação do terreno, talvez a dois quilômetros de distância, entre alguns troncos, via-se brilhar uma luz fraca. Assim partimos, tropeçando, em meio às estepes, perseguidos por um enxame de mosquitos vorazes; levávamos conosco a única mercadoria de troca de que o nosso grupo decidira separar-se: nossos seis pratos, pratos comuns de barro, que os russos distribuíram como material de caserna.

Caminhávamos na escuridão, atentos para não perder o caminho, e gritávamos, a pequenos intervalos. Da aldeia não respondia ninguém. Quando chegamos a uma centena de metros, César parou, tomou fôlego, e gritou: "Ei, russada. Somos amigos. Italiánski. Vocês têm uma galinha para vender?". A resposta chegou dessa vez: um relâmpago na escuridão, um golpe seco, e o chiado de uma bala, poucos metros acima de nossas cabeças. Eu me atirei ao chão, devagar para não quebrar os pratos; mas César, furioso, permaneceu de pé: "Que diabo! Já disse que somos amigos. Filhos de uma boa mulher, deixem falar. Queremos uma franguinha. Não somos bandidos, não somos dóiche: somos italiánski!".

Não aconteceram outros disparos, e já se entreviam perfis humanos na beira da colina. Aproximamo-nos cuidadosamente, César à frente, continuando o seu discurso persuasivo, e eu atrás, pronto para atirar-me no chão mais uma vez.

Chegamos, finalmente, à aldeia. Não havia mais do que cinco ou seis casas de madeira ao redor de uma praça minúscula, onde nos esperava toda a população, umas trinta pessoas, na maioria velhos camponeses, depois meninos, cães, todos visivelmente alarmados. Assomou da pequena multidão um grande velho barbudo, aquele dos tiros: empunhava ainda o mosquete.

César considerava já terminado o seu papel, que era aquele estratégico, e me chamou às minhas funções. "Agora é a sua vez. O que é que você está esperando? Vamos, diz que a gente é italiano, que a gente não quer machucar ninguém, que a gente quer comprar uma galinha para assar."

Aquela gente olhava para nós com desconfiada curiosidade. Parecia que estavam persuadidos de que, mesmo trajados como dois foragidos, não devíamos ser perigosos. As velhinhas deixaram de murmurar, e até os cães se aquietaram. O velho, com o fuzil, fazia-nos algumas perguntas que não compreendíamos: da língua russa eu não sei mais do que uma centena de palavras, e nenhuma delas se adaptava à situação, exceto *italiánski*. Assim repeti *italiánski* diversas vezes, até que o velho começou a dizer *italiánski* para benefício dos circunstantes.

César, entretanto, mais concreto, tirara os pratos do saco, colocara cinco deles bem à vista no chão, como no mercado, e segurava o sexto na mão, batendo na borda com a unha, para fazer ouvir que soava bem. As camponesas olhavam, divertidas e curiosas. "Tarélki", disse uma. "Tarélki, dá!", eu respondi, feliz por ter compreendido o nome da mercadoria que oferecíamos: foi quando uma delas estendeu a mão, hesitante, para o prato que César ia mostrando.

"Ei, está pensando o quê?", disse este, retirando-o vivamente. "Não é um presente". E a mim se dirigiu colérico: afinal, o que esperava para pedir a galinha em troca? Para que serviam os meus estudos?

Eu estava muito embaraçado. O russo, dizem, é uma língua indo-europeia, e os frangos deviam ser conhecidos pelos nossos progenitores comuns, numa época certamente anterior à subdivisão nas várias famílias étnicas modernas. "His fretus", vale dizer, nesses grandes alicerces, experimentei dizer "frango" e "ave" de todas as maneiras que me eram conhecidas, mas não obtive nenhum resultado visível.

Até mesmo César ficou perplexo. César, no seu íntimo, nunca se convencera plenamente de que os alemães falavam alemão, e os russos russo, a não ser por uma extravagante maldade; estava, além disso, persuadido, no seu coração, de que, somente por um refinamento dessa mesma maldade, fingiam não entender o italiano. Maldade, ou extrema e escandalosa ignorância: franca barbárie. Outras possibilidades não havia. Por isso a sua perplexidade transformava-se rapidamente em raiva.

Resmungava e blasfemava. Seria possível que fosse tão difícil entender o que é uma galinha, e que queríamos trocá-la por seis pratos? Uma galinha, daquelas que andam por aí, esgaravatando e fazendo "cocoricó": e sem muita confiança, carrancudo e amuado, exibiu-se numa péssima imitação dos hábitos dos frangos, agachando-se no chão, raspando com um pé e depois com o outro, e bicando aqui e acolá com as mãos em cunha. Entre uma imprecação e outra, também fazia "cocoricó": mas, como é sabido, essa interpretação da voz galinácea é altamente convencional; circula exclusivamente na Itália, e não tem curso em outras partes.

Por isso, o resultado foi nulo. Olhavam para nós com olhos atônitos, e certamente nos consideravam loucos. Por que, qual fora o objetivo, deixamos os confins da terra para fazer misteriosas palhaçadas em sua praça? Já furibundo, César esforçou-se inclusive para pôr um ovo; ao mesmo tempo, os insultava de maneiras fantasiosas, tornando, assim, ainda mais obscuro o sentido de sua representação. Diante do espetáculo impróprio, o falatório das comadres subiu uma oitava, e se transformou num ruído de vespeiro perturbado.

Quando vi que uma das velhotas se aproximava do barbudo, e falava nervosamente com ele, olhando para nós, percebi que a situação estava comprometida. Fiz com que César se levantasse de suas inaturais posições, acalmei-o, e com ele me aproximei do homem. Disse-lhe: "Por favor, por obséquio", e o conduzi a uma janela, na qual uma luz de lanterna iluminava um retângulo de terreno. Aqui, penosamente, consciente dos muitos olhares desconfiados, desenhei no chão uma galinha, completa, com todos os seus atributos, inclusive com um ovo atrás, por excesso de especificação. Depois me levantei e disse: "Vocês, pratos. Nós, comer".

Seguiu-se uma breve consulta; depois, saiu do ajuntamento uma velha, com olhos brilhantes de alegria e de argúcia: deu dois passos para a frente e com voz aguda pronunciou: "Kura! Kúritsa!".

Estava muito orgulhosa e feliz de ter sido ela a resolver o enigma. De todos os lados, explodiram risadas e aplausos, e vozes: "kúritsa, kúritsa!": e nós também batemos as mãos, tomados pelo jogo e pelo entusiasmo geral. A velha se inclinou, como se fora uma atriz no final de seu papel; desapareceu e tornou a aparecer após alguns minutos com uma galinha na mão, já depenada. Balançou-a burlescamente sob o nariz de César, como contraprova; e vendo que ele reagia positivamente, deixou-lhe a presa, recolheu os pratos e os levou embora.

César, que entendia da coisa porque tivera a seu tempo uma banca em Porta Portese, assegurou-me que a "curitzinha" era bastante gorda, e valia os nossos seis pratos; nós a levamos para a barraca, acordamos os companheiros que já haviam adormecido, voltamos a acender o fogo, cozinhamos o frango e o comemos com as mãos, porque já não possuíamos os pratos.

VELHAS ESTRADAS

A GALINHA E A NOITE PASSADA AO RELENTO nos fizeram bem como remédios. Após um bom sono, que restaurou nossas forças, e conquanto tivéssemos dormido no chão, acordamos pela manhã com excelente humor e saúde. Estávamos felizes porque havia sol, porque nos sentíamos livres, pelo cheiro bom que emanava da terra, e também um pouco porque a dois quilômetros havia gente não malévola, aliás arguta e propensa ao riso, e que embora houvesse atirado contra nós, acolheu-nos bem, depois, e nos vendeu até um frango. Estávamos contentes porque naquele dia (amanhã não sabíamos: mas nem sempre tem importância o que pode acontecer amanhã) podíamos fazer coisas que havia muito tempo não fazíamos: beber água de um poço, deitar ao sol em meio à grama alta e densa, sentir o ar do verão, acender o fogo e cozinhar, andar no bosque para buscar morangos e cogumelos, fumar um cigarro, olhando um céu varrido pelo vento.

Podíamos fazer tais coisas, e as fazíamos com alegria pueril. Mas as nossas reservas chegavam ao fim: de morangos e de cogumelos não se vive, e nenhum de nós (nem mesmo César, civilizado e cidadão romano "desde o tempo de Nero") estava moral e tecnicamente preparado para a vida precária da vagabundagem e do furto agrícola. A escolha era clara: ou voltar imediatamente à sociedade civil, ou o jejum. Da sociedade civil, isto é, do misterioso campo de Stáryie Doróghi, nos separavam, todavia, trinta quilômetros de vertiginosa estrada retilínea: teria sido necessário percorrê-la de uma só vez, e talvez chegássemos a tempo para o rancho da noite; ou então acampar mais uma vez pela estrada, em liberdade, mas com o estômago vazio.

Foi feito um rápido levantamento de nossas posses. Não era muito: oito rublos no total. Era difícil estabelecer qual era o poder de compra do montante, naquele momento e naquele lugar: nossas experiências monetárias anteriores com os russos foram incoerentes e absurdas. Alguns aceitavam, sem dificuldade, moeda de qualquer país, mesmo que fosse alemã ou polonesa; outros eram desconfiados, temiam enganos, e aceitavam apenas trocas *in natura* ou em moedas metálicas. Destas últimas, circulavam as mais inesperadas: moedas do tempo czarista, saídas de atávicos esconderijos familiares; esterlinas, coroas escandinavas, até mesmo velhas moedas do império austro-húngaro. Por outro lado, veríamos em Zhmerinka uma das latrinas da estação com as paredes consteladas de marcos alemães, pacientemente colados na parede, um por um, com material inominável.

De todas as maneiras, oito rublos não era muita coisa: o valor de um ou dois ovos. Decidiu-se, em colegiado, que César e eu, já credenciados como embaixadores, voltaríamos à aldeia e sondaríamos no lugar o que poderíamos comprar de melhor com oito rublos.

Partimos, e enquanto caminhávamos tivemos uma ideia: não mercadorias, mas serviços. O melhor investimento seria tomar de aluguel um cavalo dos nossos amigos e uma carroça até Stáryie Doróghi. Talvez o dinheiro fosse pouco, mas poderíamos tentar oferecer alguma peça de roupa; de qualquer modo, fazia muito calor. Assim nos apresentamos no local, onde fomos recebidos com saudações afetuosas e risos amigáveis das velhinhas, e por um furioso latir de cães. Quando se fez silêncio, apoiado no meu Miguel Strogoff e em outras distantes leituras, disse: "Telega. Stáryie Doróghi", e lhes mostrei oito rublos.

Seguiu-se um burburinho confuso: estranho dizer, mas ninguém entendera. Todavia, minha tarefa se anunciava menos árdua do que a da noite anterior: num canto do terreno, debaixo de um alpendre, eu observara uma carroça agrícola, com quatro rodas, com as extremidades em V; em resumo, uma telega. Toquei-a, com certa impaciência, pela obtusidade daquela gente: aquela não era uma telega?

"Tieliêga!", corrigiu-me o barbudo, com severidade paterna, escandalizado pela minha pronúncia bárbara.

"Dá. Tieliêga na Stáryie Doróghi. Nós pagar. Oito rublos."

A oferta era irrisória: o equivalente a dois ovos para mais de trinta quilômetros de estrada, doze horas de caminho. Todavia, o barbudo embolsou os rublos, desapareceu na estrebaria, voltou com um burro, amarrou-o entre as barras, fez sinal para que montássemos, carregou algum saco, sem dizer palavra, e partimos para a estrada principal. César ia chamar os outros, diante dos quais não perdemos a oportunidade de nos dar ares de importância. Fizéramos uma viagem confortável na telega, aliás, na tieliêga, e uma entrada triunfal em Stáryie Doróghi, tudo por oito rublos: eis o que significava o conhecimento das línguas e a habilidade diplomática.

Na realidade, percebemos depois (e lamentavelmente perceberam também os companheiros) que os oito rublos haviam sido praticamente jogados fora: o barbudo iria de qualquer maneira a Stáryie Doróghi, para os seus negócios, e talvez nos tivesse levado gratuitamente até lá.

Seguimos pela estrada por volta do meio-dia, deitados nos sacos nada confortáveis do barbudo. Era, entretanto, muito melhor do que viajar a pé: podíamos, entre outras coisas, desfrutar comodamente a paisagem.

Isso para nós era insólito e estupendo. A planície, que na véspera nos oprimira com sua solene vacuidade, já não parecia mais rigorosamente plana. Era encrespada por levíssimas, quase imperceptíveis, ondulações, antigas dunas, talvez, não mais altas do que alguns metros; era quanto bastava, contudo, para romper a monotonia, descansar os olhos, e criar um ritmo, uma certa medida. Entre uma e outra ondulação, charcos e pântanos, grandes e pequenos. O terreno descoberto era arenoso, e coberto espaçadamente por selvagens manchas de arbustos: em outras partes, encontravam-se árvores altas, mas raras e isoladas. Nos dois lados da estrada, jaziam, informes, peças enferrujadas, artilharia, carros, arame farpado, latões, capacetes: as sobras dos dois exércitos, que por tantos meses se enfrentaram naquelas paragens. Entrávamos na região dos pântanos de Pripet.

A estrada e a terra estavam desertas, mas pouco antes do ocaso notamos que alguém nos seguia: um homem, preto e branco por causa da poeira, que caminhava com vigor atrás de nós. Ganhava terreno lenta mas continuamente: logo chegou à distância de ouvirmos a sua voz, e reconhecemos ser ele o Mouro, Avesani de Avesa, o grande velho. Ele também pernoitara em algum esconderijo, e agora marchava para Stáryie Doróghi com passos de tempestade, cabelos brancos ao vento, olhos sanguíneos, fixos no horizonte. Caminhava regular, e poderosamente como se fora máquina a vapor: amarrara às costas o famoso e pesadíssimo embrulho, onde brilhava o machado, suspenso, como a foice de Crono.

Estava para nos ultrapassar como se não nos visse ou não nos reconhecesse. César o chamou e o convidou a subir. "A desonra do mundo. Brutos porcos desumanos", respondeu prontamente o Mouro, dando voz à ladainha blasfema que, perpétua, lhe ocupava a mente. Passou por nós, e prosseguiu na sua mítica marcha para o horizonte oposto àquele do qual surgira.

O sr. Unverdorben sabia muito mais do que nós a respeito do Mouro; soubemos, então, que o Mouro não era (ou não era apenas) um velho lunático. O embrulho tinha uma razão, como também a vida errante do velho. Viúvo fazia muitos anos, tinha uma filha, uma apenas, que já devia ter seus cinquenta anos, e que estava de cama, paralítica: jamais iria melhorar. O Mouro vivia para essa filha: escrevia-lhe toda semana cartas que não chegavam ao destino; para ela, somente, trabalhara toda a vida, e se tornara negro como o tronco da nogueira e duro como a pedra. Somente para ela, vagando pelo mundo como um emigrante, o Mouro recolhia tudo o que encontrava, qualquer objeto que apresentasse a mínima possibilidade de ser usufruído ou tocado.

Não encontramos outros seres vivos até chegarmos a Stáryie Doróghi.

Stáryie Doróghi foi uma surpresa. Não era um vilarejo; ou melhor, havia um minúsculo vilarejo, no meio do bosque, pouco afastado da estrada: mas soubemos disso mais tarde, e mesmo assim aprendemos que o seu nome significava "Velhos Caminhos". Ao contrário, o aquartelamento destinado para nós, para todos nós, mil e quatrocentos italianos, era um único e gigantesco edifício, isolado às margens da estrada, em meio a campos não cultivados e a ramificações da floresta. Chamava-se Krásnyi Dom, a "Casa Vermelha", e, com efeito, era exageradamente vermelho, por dentro e por fora.

Era uma construção realmente singular, ampliada desordenadamente, em todas as direções como uma erupção vulcânica: não dava para entender se era obra de muitos arquitetos em desacordo, ou de um único, porém louco. O núcleo mais antigo, agora dominado e sufocado por alas e corpos fabricados confusamente mais tarde, consistia num bloco de três andares, subdividido em pequenos quartos, talvez já destinados a escritórios militares ou administrativos. Ao seu redor, todavia, não faltava nada: uma sala para conferências ou reuniões, uma série de salas de aula, cozinhas, lavatórios, um teatro para mil lugares, uma enfermaria, um ginásio; do lado da porta principal, um cubículo com misteriosos suportes, que interpretamos como sendo um depósito de esquis. Mas aqui também, como em Slutsk, nada ou quase nada permanecera da mobília e das instalações; além de faltar água, faltavam as tubulações, que haviam sido arrancadas, e também os fogões das cozinhas, as cadeiras do teatro, os bancos das salas, os corrimãos das escadas.

As escadas constituíam o elemento mais obsessivo da Casa Vermelha. Eram abundantes em todo o imenso edifício: escadas enfáticas e prolixas que conduziam a absurdos cubículos cheios de poeira e velharias; outras estreitas e irregulares, interrompidas pela metade por uma coluna erguida às pressas para escorar o teto que ameaçava ruir; fragmentos de escadas tortas, bifurcadas, anômalas, que harmonizavam vãos contíguos e assimétricos. A mais memorável de todas era uma escadaria ciclópica, ao longo de uma das fachadas, que subia por quinze metros, num pátio invadido pela grama, com degraus de três metros de largura, e que não conduzia a lugar nenhum.

Ao redor da Casa Vermelha não havia nenhuma demarcação, ainda que simbólica como em Katowice. Não havia sequer um verdadeiro serviço de vigilância: diante da entrada ficava frequentemente um soldado russo, na maioria das vezes bastante jovem mas que não possuía nenhuma instrução relativa aos italianos. A sua tarefa consistia apenas em impedir que outros russos chegassem à noite para perturbar as mulheres italianas nos seus quartos.

Os russos, oficiais e soldados, habitavam um barracão de madeira pouco distante, e outros, de passagem, ao longo da estrada, faziam uma parada, de quando em quando: mas raras vezes vinham ter conosco. Quem se ocupava de nós era um pequeno grupo de oficiais italianos, ex-prisioneiros de guerra, arrogantes e grosseiros; tinham excessiva consciência de sua condição de militares, ostentavam desprezo e indiferença pelos civis, e, o que não deixou de nos surpreender, mantinham ótimas relações com os soviéticos da mesma hierarquia do barracão da frente. Desfrutavam uma situação privilegiada, não apenas no que diz respeito a nós, mas também no que diz respeito à tropa soviética: comiam no refeitório russo dos oficiais, vestiam uniformes soviéticos novos (sem patentes), e calçavam ótimas botas militares, e dormiam em leitos de campanha com lençóis e cobertas.

Todavia, nós não tínhamos razão para reclamar. Éramos tratados exatamente como os soldados russos, quanto à alimentação e ao alojamento, e não éramos submetidos a qualquer tipo de obediência ou disciplina. Poucos italianos trabalhavam, só aqueles que se ofereceram espontaneamente para o serviço da cozinha, dos banheiros e do gerador; além disso, Leonardo como médico, e eu, como enfermeiro; mas agora, com a boa estação, os doentes eram pouquíssimos, e a nossa tarefa constituía uma sinecura.

Quem desejasse, podia partir. Muitos o fizeram, alguns por tédio ou espírito de aventura, outros tentando passar as fronteiras e regressar à Itália; mas voltaram todos, após algumas semanas ou meses de vagabundagem: pois, se o campo não era vigiado nem cercado, eram-no, ao contrário, e fortemente, as distantes fronteiras.

Não havia, da parte russa, qualquer veleidade de pressão ideológica, aliás, nenhuma tentativa de discriminação entre nós. A nossa comunidade era demasiadamente complicada: ex-militares da Armir, ex-franco-atiradores, ex-Häftlinge de Auschwitz, ex-trabalhadores da Todt, ex-réus comuns e prostitutas de San Vittore, comunistas ou monarquistas ou fascistas que fôssemos, em nossas relações imperava, por parte dos russos, a mais imparcial indiferença. Éramos italianos, e bastava: o resto era "vsió ravnó", "tudo igual".

Dormíamos em assoalhos de madeira, cobertos com enxergas de palha: sessenta centímetros para cada homem. A princípio protestamos, porque parecia pouco: mas o Comando russo nos fez delicadamente observar que a nossa reclamação era infundada. Podiam-se ler ainda, no assoalho, em garranchos a lápis, os nomes dos soldados soviéticos que haviam ocupado aqueles lugares antes de nós: que julgássemos nós mesmos: havia um nome a cada cinquenta centímetros.

Podia-se dizer o mesmo, e foi o que nos disseram, a propósito da alimentação. Recebíamos um quilo de pão por dia: pão de centeio, pouco fermentado, úmido e ácido: mas era muito, e era o pão que eles comiam. E a *kasha* cotidiana era a *kasha* que eles comiam: um pequeno bloco compacto de toucinho, milho, feijão, carne e especiarias, nutritivo mas ferozmente indigesto, que somente depois de vários dias de experiências aprendemos a tornar comestível, fazendo-o ferver por várias horas.

Três ou quatro vezes por semana era distribuído o peixe, *ryba*. Era peixe de rio, duvidosamente fresco, cheio de espinhas, grande, cru, não salgado. Que fazer? Poucos dentre nós se adaptaram a comê-lo assim como chegava (como faziam muitos russos): para cozinhá-lo, faltavam-nos os recipientes, o tempero, o sal e a arte. Logo nos convencemos de que a melhor coisa era revendê-lo aos próprios russos, aos camponeses da aldeia ou aos soldados que passavam pela estrada: um novo ofício para César, que o executou com alto grau de perfeição técnica.

Na manhã dos dias do peixe, César percorria os quartos, munido com um pedaço de fio de ferro. Recolhia a *ryba*, enfiava-lhe um fio de ferro entre os olhos, seguia com o cordão malcheiroso ao pescoço e desaparecia. Voltava depois de muitas horas, às vezes de noite, e distribuía, equanimemente, entre os seus contratantes, rublos, queijo, quartos de frango e ovos, com vantagem para todos, e especialmente para ele.

Com os primeiros lucros de seu comércio comprou uma balança, fazendo crescer notavelmente o seu prestígio profissional. Mas, para realizar de forma adequada um certo projeto, ele precisava de outro instrumento, de utilidade menos óbvia: uma seringa. Não havia como esperar encontrá-la numa aldeia russa e, por isso, veio ter comigo, na enfermaria, e me perguntou se lhe podia emprestar uma.

"O que você quer fazer com ela?", perguntei-lhe.

"Não é da sua conta. Uma seringa. Vocês têm muitas."

"De que tamanho?"

"A maior. Mesmo que não seja ótima, não tem problema."

Havia, com efeito, uma seringa de vinte centímetros cúbicos, estilhaçada e praticamente inútil. César examinou-a cuidadosamente, declarando que servia para o seu caso.

"Mas para que vai lhe servir?", perguntei mais uma vez. César olhou-me carrancudo, magoado pela minha falta de tato. Disse-me que era problema seu, uma ideia, uma experiência, e que podia terminar bem ou mal, e que eu era uma pessoa muito engraçada porque desejava saber, de qualquer maneira, as suas atividades particulares. Embrulhou cuidadosamente a seringa e partiu como um príncipe ofendido.

Todavia, o segredo da seringa não durou muito tempo: a vida em Stáryie Doróghi era demasiadamente ociosa para que não proliferassem a bisbilhotice e a interferência na vida alheia. Nos dias sucessivos, César foi visto por dona Letizia, suando com um balde, quando ia ao bosque. Foi visto por Stellina no próprio bosque, sentado no chão com o balde em meio a uma roda de peixes, aos quais "parecia que dava de comer"; e finalmente foi encontrado na aldeia por Rovati, seu concorrente: estava sem balde e vendia peixes, mas eram peixes estranhíssimos, gordos, duros e redondos, e não chatos e moles, como aqueles da ração.

Como ocorre com muitas descobertas científicas, a ideia da seringa nascera de um insucesso e de uma observação fortuita. Poucos dias antes, César trocara na aldeia peixe por uma galinha viva. Voltara à Casa Vermelha persuadido de ter realizado um excelente negócio: por dois peixes apenas deram-lhe uma bela franga, e, embora não fosse mais jovem e tivesse um certo ar melancólico, era extraordinariamente gorda e grande. Contudo, depois de a ter matado e depenado, percebeu algo estranho; a galinha era assimétrica, a sua barriga crescia para um único lado, e acusava, quando apalpada, alguma coisa dura, móvel e elástica. Não era o ovo: era uma grande bexiga cheia d'água.

César, naturalmente, tomara as suas medidas e conseguira revender imediatamente o animal nada menos do que ao contador Rovi, ganhando ainda mais com a transação: mas depois, como um herói stendhaliano, refletira. Por que não imitar a natureza? Por que não experimentar com os peixes?

A princípio tentara enchê-los com água, usando um canudo, que entrava pela boca, mas a água voltava toda para fora. Então pensara na seringa. Observara, em muitos casos, um certo progresso com a seringa, que dependia, contudo, do ponto onde se aplicava a injeção: de acordo com o lugar, a água saía novamente, logo ou pouco depois, ou então permanecia dentro, indefinidamente. César, então, dissecara diversos peixes com um canivete e pudera estabelecer que a injeção, para ter um efeito permanente, devia ser feita na bexiga natatória.

Desse modo os peixes que César vendia a peso rendiam de vinte por cento a trinta por cento a mais do que os normais, e, além disso, apresentavam um aspecto mais atraente. É certo que a *ryba*, assim tratada, não podia ser vendida duas vezes para o mesmo cliente; mas podia muito bem ser vendida aos soldados russos desmobilizados, que passavam pela estrada na direção leste, e que só poderiam perceber a coisa da água a muitos quilômetros de distância.

Mas um dia voltou furioso: estava sem peixe, sem dinheiro e sem mercadoria: "Entrei pelo cano". Durante dois dias não foi possível dirigir-lhe a palavra, ficava enrolado no palheiro, hirto como um porco-espinho, descendo apenas para as refeições. Acontecera-lhe uma aventura diversa das habituais.

Ele a contou para mim mais tarde, numa longuíssima noite morna, e me pediu que não a contasse a ninguém, pois, uma vez conhecida, a sua honra comercial sofreria consequências. Com efeito, o peixe não lhe fora arrancado com violência por um russo ferocíssimo, como num primeiro momento procurara fazer entender: a verdade era outra. O peixe, ele o dera de presente, confessou-me, cheio de vergonha.

Fora à aldeia, e, para evitar clientes queimados anteriormente, não se deixara ver na estrada principal, tomando um caminho que afundava no bosque; após algumas centenas de metros, vira um casebre isolado, aliás, um casebre de tijolos secos e zinco. Fora, encontrava-se uma mulher magra, vestida de preto, e três meninos pálidos, sentados à porta. Aproximara-se dela e oferecera-lhe o peixe: a mulher dera a entender que desejava o peixe, mas que não tinha nada para lhe dar em troca, e que ela e os meninos não comiam fazia dois dias. Fizera-o entrar no casebre, e no casebre não havia nada, apenas algumas enxergas de palha, como num canil.

Nesse momento os meninos o olharam com olhos tais, que César jogou o peixe e fugiu como um ladrão.

O BOSQUE E O CAMINHO

Permanecemos em stáryie doróghi, naquela Casa Vermelha cheia de mistérios e de alçapões como um castelo de fadas, durante dois longos meses: de 15 de julho a 15 de setembro de 1945.

Foram meses de ócio e de relativo bem-estar, e por isso mesmo cheios de nostalgia penetrante. A nostalgia é um sofrimento frágil e suave, essencialmente diverso, mais íntimo, mais humano do que as outras dores que havíamos suportado até então: frio, golpes, fome, terror, doença, privação. É uma dor límpida e clara, mas urgente: invade todos os minutos do dia, não concede outros pensamentos, e nos incita às evasões.

Talvez por isso, a floresta ao redor do campo exercesse em nós uma atração profunda. Talvez porque oferecesse, a quem procurasse, o dom inestimável da solidão: havia quanto tempo éramos dela privados! Talvez porque recordasse para nós outros bosques, outras solidões de nossa existência anterior; ou talvez, ao contrário, porque era solene, e austera, e intacta como nenhum outro cenário que nos fosse conhecido.

Ao norte da Casa Vermelha, além da estrada, estendia-se um terreno misto de matagais, clareiras e pinheirais, permeado de pântanos e de línguas de fina areia branca; encontrava-se, todavia, algum caminho tortuoso e levemente marcado que conduzia a casas de campo distantes. Mas, ao sul, a algumas centenas de passos da Casa Vermelha, toda a presença humana desaparecia. Mesmo a presença de vida animal, excetuando-se a cintilação ocasional de um esquilo, ou o olhar sinistro e imóvel de uma cobra-d'água, enrodilhada num tronco apodrecido. Não havia caminhos, pistas ou rastros de lenhadores, nada: apenas silêncio, abandono, e troncos em todas as direções, troncos pálidos de bétulas, vermelho-escuros de coníferas, lançadas verticalmente para o céu invisível; igualmente invisível era o solo, coberto por um estrato espesso de folhas mortas e de tufos de mato selvagem até a nossa cintura.

A primeira vez que lá entrei, aprendi às minhas custas, com surpresa e assombro, que o risco de "perder-se no bosque" não existe apenas nas fábulas. Caminhara por cerca de uma hora, orientando-me da melhor maneira pelo sol, visível aqui e ali, onde os ramos eram menos densos; mas, depois, o céu se cobriu ameaçando chuva, e, quando quis voltar, me dei conta de que havia perdido o norte. Musgo nos troncos? Havia por toda parte. Orientei-me na direção que me parecia mais adequada; mas, após longo e penoso caminho entre sarças e galhos, encontrava-me num ponto tão indefinido quanto aquele do qual partira.

Caminhei ainda por muitas horas, sempre mais cansado e inquieto, até quase o ocaso; e já imaginava que mesmo que meus companheiros viessem me buscar, não me encontrariam, ou somente após alguns dias, esgotado de fome, já morto. Quando a luz do dia começou a empalidecer, ergueram-se enxames de grandes mosquitos, e de outros insetos que não saberia definir, grandes e duros como balas de fuzil, que saltavam, às cegas, de um tronco para outro, batendo em meu rosto. Decidi seguir então em frente, mais ou menos para o Norte (ou seja, deixando à esquerda uma parte de céu ligeiramente mais luminoso, que devia corresponder ao poente), e caminhar até que tivesse encontrado a grande estrada, ou pelo menos uma senda, um rastro. Continuei assim através do longuíssimo crepúsculo do verão setentrional, até a quase completa escuridão, tomado de um sobressalto pânico, do medo antiquíssimo das trevas, do bosque e do vazio. Apesar do cansaço, sentia um impulso violento para me atirar correndo sempre em frente, numa direção qualquer, e correr enquanto tivesse força e fôlego.

Ouvi, de repente, o apito de um trem: a ferrovia estava à minha direita, enquanto, segundo a imagem que fizera, eu devia estar muito longe, à esquerda. Caminhava portanto para o lugar errado. Seguindo o barulho do trem, cheguei à estrada de ferro antes do anoitecer, e, seguindo os trilhos, que brilhavam na direção da Ursa Menor, que voltara a assomar entre as nuvens, cheguei a salvo, primeiro a Stáryie Doróghi, e depois à Casa Vermelha.

Mas houve quem se transferisse para a floresta e a habitasse: o primeiro fora Cantarella, um dos "romenos", que descobrira em si mesmo a vocação de eremita. Cantarella era um marinheiro calabrês de altíssima estatura e de magreza ascética, taciturno e misantropo. Construíra uma cabana de troncos e de ramos, a meia hora do campo, onde vivia na solidão agreste, vestindo somente uma canga. Era um contemplativo, mas não um ocioso: exercia uma curiosa atividade sacerdotal.

Possuía um martelo e uma espécie de bigorna primitiva, obtida dos despojos da guerra e encaixada num tronco; usando tais instrumentos, e velhas latas de conserva, fabricava panelas e frigideiras com grande habilidade e diligência religiosa.

Ele as fabricava sob encomenda, para as novas convivências. Quando, em nossa variada comunidade, um homem e uma mulher resolviam viver uma vida comum e sentiam, portanto, a necessidade de um mínimo de utensílios para constituir uma casa, iam ter com Cantarella, de mãos dadas. Ele, sem fazer perguntas, punha-se a trabalhar, e em pouco mais de uma hora, com golpes de martelo certeiros, dobrava e cunhava chapas nas formas que os cônjuges desejavam. Não pedia recompensa, mas aceitava presentes *in natura*, pão, queijo, ovos; assim o matrimônio era celebrado, e assim Cantarella vivia.

Havia outros que habitavam o bosque: percebi um dia, seguindo, ao acaso, o caminho que adentrava na direção do poente, retilíneo e bem marcado, e que eu não percebera até então. Levava a uma região do bosque especialmente densa, enfiava-se numa velha trincheira e terminava às portas de uma casamata de troncos, quase totalmente enterrada: emergiam do solo apenas o teto e a chaminé. Empurrei a porta, que cedeu: dentro não havia ninguém, mas o lugar era evidentemente habitado. No chão de terra nua (mas varrido e limpo) havia um pequeno fogão, pratos, uma gamela militar; num canto, a enxerga de feno; dependuradas nas paredes, roupas femininas e fotografias de homens.

Voltei ao campo e descobri ser o único que não sabia: na casamata, notoriamente, viviam duas mulheres alemãs. Eram duas auxiliares da Wehrmacht que não haviam conseguido seguir os alemães e estavam isoladas na imensidão russa. Tinham medo dos russos, e não se haviam entregado: viveram precariamente, de pequenos furtos, ervas, prostituição furtiva e irregular com os ingleses e os franceses, que ocuparam a Casa Vermelha antes de nós; até que a prescrição italiana trouxera-lhes prosperidade e segurança.

As mulheres, em nossa colônia, eram poucas, não mais do que duzentas, e quase todas haviam encontrado logo uma relação estável: não estavam mais disponíveis. Por isso, para um número impreciso de italianos, ir ter com as "meninas do bosque" tornara-se um hábito, e a única alternativa ao celibato. Uma alternativa rica de um fascínio complexo: porque a coisa era secreta e vagamente perigosa (mais para as mulheres do que para eles, na verdade); porque as meninas eram estrangeiras e meio selvagens, porque se encontravam em estado de necessidade, e assim eles tinham a nobre impressão de protegê-las; e pelo cenário exótico-fabuloso daqueles encontros.

Não só Cantarella, mas também Velletrano reencontrara no bosque a si mesmo. A tentativa de transplantar na civilização "um homem selvagem" foi ensaiada várias vezes, frequentemente com grande êxito, demonstrando a fundamental unidade da espécie humana; com Velletrano realizava-se a experiência inversa, pois, originário das ruas superpovoadas do Trastevere, transformara-se, com admirável facilidade, num homem selvagem.

Na realidade, não devia ter sido muito civilizado. Velletrano era um judeu com cerca de trinta anos, sobrevivente de Auschwitz. Deve ter sido um problema para o funcionário do Lager que se ocupava das tatuagens, porque seus antebraços musculosos estavam densamente cobertos por tatuagens preexistentes: o nome de suas mulheres, como explicou César, que o conhecia havia tempos, e que me precisou que Velletrano não se chamava Velletrano, e nem mesmo nascera em Velletri, mas ali estivera quando criança.

Não pernoitava quase nunca na Casa Vermelha: vivia na floresta, descalço e seminu. Vivia como nossos distantes antepassados: preparava armadilhas para lebres e raposas, subia nas árvores por causa dos ninhos, abatia as rolas a pedradas, e não desprezava os galinheiros das casas mais distantes; recolhia cogumelos e pequenos frutos, considerados não comestíveis, e de noite não era raro encontrá-lo nas proximidades do campo, agachado, de quatro, diante de um grande fogo, no qual, cantando toscamente, assava a presa do dia. Dormia depois na terra nua, deitado junto às brasas. Mas, pertencendo à espécie humana, perseguia, à sua maneira, as virtudes e o conhecimento, e aperfeiçoava dia após dia suas artes e seus instrumentos: fabricou uma faca, depois uma zagaia e um machado, e se tivesse tido tempo, não duvido que teria redescoberto a agricultura e o pastoreio.

Quando a jornada fora auspiciosa, fazia-se sociável e convivial: por intermédio de César, que o apresentava de boa vontade como um fenômeno de circo, e contava as legendárias aventuras passadas, convidava a todos para homéricos festins de carne assada, e se alguém recusasse tomar parte, ficava cheio de ira e mostrava a faca.

Após alguns dias de chuva, e outros de sol e de vento, os cogumelos e os murtinhos no bosque cresceram com tamanha abundância que se tornaram interessantes, não mais sob o aspecto puramente geórgico e esportivo, mas sob o aspecto utilitário. Tomadas as precauções para que ninguém se perdesse no caminho de volta, passamos dias inteiros na colheita. Os murtinhos, em arbustos muito mais altos do que os nossos, eram tão grandes como as nozes, e saborosos: trazíamos a quilos do campo e tentávamos até mesmo (mas em vão) fazer fermentar o suco em vinho. Quanto aos cogumelos, encontramos duas variedades: alguns eram normais, "porcini", saborosos e seguramente comestíveis; os outros eram parecidos com estes, na forma e no cheiro, mas lenhosos, maiores e de cores bastante diversas.

Nenhum de nós estava certo de que eram comestíveis; por outro lado, podia-se deixá-los apodrecendo no bosque? Claro que não: estávamos todos mal nutridos, e além disso era ainda muito recente em nós a lembrança da fome em Auschwitz, e se transformara num violento estímulo mental, que nos obrigava a encher ao máximo o estômago, e nos proibia imperiosamente de renunciar a qualquer ocasião de comer. César recolheu uma boa quantidade e os deixou ferver, segundo prescrições e cautelas por mim ignoradas, acrescentando ao molho vodca e alho comprados na aldeia, que "matam todos os venenos". Depois, ele próprio comeu, mas em pequena quantidade, e ofereceu um pouco a muita gente, de maneira a limitar o risco e dispor de uma abundante casuística para o dia seguinte. No dia seguinte caminhou pelos quartos, e jamais foi tão cerimonioso e solícito: "Como está, dona Elvira? Como vai, seu Vincenzo? Dormiram bem? Passaram bem a noite?", e, enquanto isso, olhava seus rostos com olhos clínicos. Estavam todos muito bem, os cogumelos estranhos podiam ser comidos.

Para os mais preguiçosos e os mais ricos, não era necessário ir até o bosque para encontrar alimentos extras. Os contatos comerciais entre a aldeia de Stáryie Doróghi e nós, hóspedes da Casa Vermelha, tornaram-se logo intensos. Todas as manhãs chegavam camponesas com cestas e baldes; sentavam no chão, e permaneciam imóveis durante horas à espera de clientes. Se vinha um aguaceiro, não saíam do lugar, apenas rebatiam suas saias na cabeça. Os russos tentaram expulsá-las duas ou três vezes, afixaram dois ou três cartazes bilíngues que ameaçavam os contratantes com penas de insensata severidade; depois, como de hábito, desinteressaram-se da questão, e os negócios continuaram tranquilamente.

Eram camponesas velhas e jovens: aquelas, vestidas à maneira tradicional, com casacos e saias bordadas, forradas e com lenço amarrado na cabeça; estas, em leves roupas de algodão, quase sempre descalças, sinceras, ousadas, e prontas a sorrir, mas não descaradas. Além dos cogumelos, dos murtinhos e das framboesas, vendiam leite, queijo, ovos, frangos, verduras e frutas, e aceitavam em troca peixe, pão, tabaco, e qualquer peça de vestuário ou de tecido, mesmo o mais esfarrapado e gasto; também rublos, naturalmente, de quem os possuía.

César conheceu logo todas, especialmente as jovens. Iam frequentemente ter com ele as russas, para assistir às suas interessantes negociações. Não quero negar a utilidade de se falar a mesma língua numa relação de negócios, mas, por experiência, posso afirmar que essa condição não é extremamente necessária: cada um sabe muito bem o que o outro deseja, não conhece inicialmente a intensidade do desejo, respectivamente, de comprar e de vender, mas a deduz com ótima aproximação da expressão do rosto do outro, de seus gestos e do número de suas réplicas.

Eis que César, de manhãzinha, apresenta-se no mercado com um peixe. Procura e encontra Irina, sua coetânea e amiga, cuja amizade conquistara, havia alguns anos, com seus modos simpáticos, batizando-a de "Greta Garbo" e dando-lhe um lápis; Irina tem uma vaca e vende leite, *molokó*; frequentemente, de noite, voltando do pastoreio, para na frente da Casa Vermelha e tira o leite despejando-o diretamente nos recipientes da sua clientela. Nessa manhã trata-se de chegar a um acordo para definir quanto leite devia equivaler ao peixe de César: César mostra uma panela de dois litros (é daquelas de Cantarella, e César a obteve de um *ménage* desfeito por incompatibilidade), e faz sinal com a mão estendida, a palma para baixo, um sinal para dizer que a quer cheia. Irina sorri, e responde com palavras vivazes e harmoniosas, provavelmente injúrias; afasta com um tapa a mão de César, e marca com dois dedos a panela à metade da altura.

Agora é a vez de César indignar-se: agita o peixe (não estragado), suspende-o no ar, segurando-o pela cauda com enorme esforço, como se pesasse vinte quilos, e diz: "Este é um *rybão*!", depois o faz passar debaixo do nariz de Irina em toda a sua extensão, e assim fazendo fecha os olhos e inspira longamente ar, como inebriado pelo perfume. Aproveitando o instante no qual César mantém os olhos fechados, rápida como um gato, Irina toma-lhe o peixe, arranca-lhe a cabeça com os dentes brancos, e joga fora o corpo flácido e mutilado no rosto de César, com toda a notável força de que dispõe. Depois, para não estragar a amizade e o trato, enche três quartos da panela; um litro e meio. César, meio aturdido pelo golpe, resmunga com voz cavernosa: "Eh! Vai com calma!" e acrescenta outros galanteios obscenos, idôneos para restaurar a sua honra viril; depois, todavia, aceita a última oferta de Irina, e deixa-lhe o peixe, que ela devora, permanecendo sentada.

Devíamos encontrar a voraz Irina mais tarde, por diversas vezes, num contexto embaraçoso para nós, latinos, e absolutamente normal para ela!

Numa clareira do bosque, na metade da distância entre a aldeia e o campo, situava-se o balneário público, que não falta em nenhuma aldeia russa, e que em Stáryie Doróghi funcionava em dias alternados para os russos e para nós. Era uma grande cabana de madeira, que possuía dois bancos de pedra, no interior, e tinas de zinco, espalhadas por toda a parte. Na parede, torneiras com água fria e quente à vontade. O sabão, todavia, não era *à vontade*, pois ia sendo distribuído com muita parcimônia na antecâmara. O funcionário que devia distribuir o sabão era Irina.

Estava a uma pequena mesa, na qual havia um pedaço de sabão acinzentado e fedorento, e segurava uma faca nas mãos. Ali nos despíamos, dávamos as roupas para a desinfecção, e ficávamos na fila completamente nus diante da mesa de Irina. Nessas funções de público oficial, a menina era seriíssima e incorruptível: com o rosto enrugado pela tensão e a língua infantilmente apertada entre os dentes, cortava uma pequena fatia de sabão para cada aspirante ao banho: um pouco mais fina para os magros, e um pouco mais grossa para os gordos, não sei se tinha ordens para isso, ou se era movida por uma inconsciente exigência de justiça distributiva. Nenhum músculo de seu rosto estremecia às impertinências dos clientes mais grosseiros.

Após o banho, era preciso pegar as próprias roupas no quarto de desinfecção: e essa era uma outra surpresa do regime de Stáryie Doróghi. O quarto era aquecido a cento e vinte graus: quando nos disseram pela primeira vez que era necessário entrar pessoalmente para tirar as roupas, olhamo-nos perplexos: os russos são feitos de bronze, nós o havíamos notado em muitas ocasiões, mas nós não, e ficaríamos assados. Depois alguém experimentou, e viu-se que a empresa não era terrível como parecia, desde que se adotassem as seguintes precauções: entrar bem molhado; saber antecipadamente o número do próprio cabide; tomar fôlego abundante antes de passar pela porta, e depois não respirar mais; não tocar nenhum objeto metálico; e fazer tudo rapidamente.

As roupas desinfectadas apresentavam interessantes fenômenos: cadáveres de piolhos arrebentados, estranhamente deformados; canetas-tinteiro de ebonite, esquecidas no bolso por algum abastado, retorcidas e com a ponta soldada; tocos de vela fundidos e embebidos no tecido; um ovo, deixado num bolso para fins experimentais, rachado e dessecado, formando uma massa córnea, e todavia ainda comestível. Mas os dois banhistas russos entravam e saíam da fornalha com indiferença, como as salamandras da lenda.

Os dias de Stáryie Doróghi passavam assim, numa interminável indolência, sonolenta e benéfica como férias prolongadas, interrompidas apenas a intervalos pelo pensamento doloroso da casa distante e pela natureza reencontrada. Era inútil dirigir-se aos russos do Comando para saber por que não voltávamos, quando voltaríamos, por que caminhos, que futuro nos esperava: não sabiam mais do que nós, ou então, com candura e cortesia, davam-nos respostas fantasistas, aterradoras ou insensatas. Que não havia trens; ou que estava para explodir a guerra com os Estados Unidos; ou que logo nos mandariam trabalhar num *kolkhoz*; ou que esperavam trocar-nos com prisioneiros russos na Itália. Anunciavam-nos esses e outros despropósitos, sem ódio ou escárnio, com solicitude quase afetuosa, como quando falamos com as crianças que fazem muitas perguntas, para que permaneçam tranquilas. Na realidade, não compreendiam aquela nossa pressa de voltar para casa: não tínhamos o que comer e onde dormir? O que nos faltava em Stáryie Doróghi? Não devíamos sequer trabalhar; e o que deveriam então dizer os soldados do Exército Vermelho, que fizeram quatro anos de guerra e eram vencedores; porventura se queixavam de ainda não terem voltado para casa?

Com efeito, voltavam para casa em pequenos grupos e, segundo as aparências, numa extrema desordem. O espetáculo da desmobilização russa, que já havíamos apreciado na estação de Katowice, prosseguia agora de outra maneira aos nossos olhos, dia após dia; não mais pela ferrovia, mas ao longo da estrada, na frente da Casa Vermelha, onde passavam guarnições do exército vencedor, de oeste para leste, em pelotões organizados ou dispersos, a todas as horas do dia e da noite. Passavam homens a pé, frequentemente descalços e com os sapatos às costas para economizar as solas, pois o caminho era longo: em uniforme ou não, armados ou desarmados, alguns cantando com galhardia, outros lívidos e esgotados. Alguns levavam às costas malas ou mochilas; outros, instrumentos disparatados: uma cadeira estofada, um abajur, panelas de cobre, um rádio, um relógio de parede.

Outros passavam em carroças ou a cavalo; outros, ainda, em grupos de motocicletas, ébrios de velocidade, com fragor infernal. Passavam caminhonetes Dodge, de fabricação americana, apinhadas de homens na capota e nos para-lamas; outros puxavam um reboque, igualmente apinhado. Vimos um desses reboques viajando com três rodas: no lugar da quarta, fora encaixado à força um pinheiro, em posição oblíqua, de modo que uma extremidade se apoiasse no chão. À medida que esta se consumava pelo atrito, o tronco era empurrado mais para baixo, para manter o veículo em equilíbrio. Quase na frente da Casa Vermelha, uma das três rodas sobreviventes se esvaziou; os ocupantes, uns vinte, desceram, viraram o reboque fora da estrada e se meteram, por sua vez, na caminhonete, completamente abarrotada, que voltou a partir numa nuvem de poeira, enquanto todos gritavam: "urra".

Passavam também, todos sobrecarregados, outros veículos insólitos: tratores agrícolas, furgões postais, ônibus alemães, que antes serviam às linhas urbanas e que ainda traziam as placas com os nomes dos pontos de Berlim: alguns já avariados, e puxados por outros automóveis ou por cavalos.

Por volta dos primeiros dias de agosto, essa migração múltipla começou a mudar imperceptivelmente de natureza. Pouco a pouco, começaram a prevalecer os cavalos sobre os veículos: passada uma semana, viam-se apenas cavalos, a estrada pertencia-lhes. Deviam ser todos os cavalos da Alemanha ocupada, dezenas de milhares por dia: passavam interminavelmente, numa nuvem de moscas, tavões e forte odor ferino, cansados, suados e esfomeados; eram empurrados e incitados com gritos e chicotadas pelas moças, uma a cada cem ou mais animais, elas também a cavalo, sem sela, e com as pernas nuas, acaloradas e desgrenhadas. De noite, empurravam os cavalos para as pradarias e para os bosques, na beira das estradas, para que pastassem em liberdade e descansassem até o amanhecer. Havia cavalos de tiro, cavalos de corrida, mulas, jumentos seguidos pelo poldro, velhos sendeiros anquilosados, burros; logo percebemos que os animais não eram contados, e que as pastoras não se preocupavam absolutamente com os animais que saíam da estrada porque estavam cansados, doentes ou estropiados, nem com aqueles que se perdiam durante a noite. Os cavalos eram tantos e mais tantos: que importância podia ter se chegasse ao destino um a mais ou a menos?

Para nós, contudo, praticamente em jejum de carne havia dezoito meses, um cavalo a mais ou a menos fazia uma grande diferença. Quem abriu a caça foi, naturalmente, o Velletrano: veio acordar-nos de manhã, ensanguentado da cabeça aos pés, segurando ainda nas mãos a arma primordial de que se servira, um estilhaço de granada amarrada com correias de couro sobre um cajado de duas pontas.

Da vistoria que fizemos (pois o Velletrano não era muito

hábil para se explicar com palavras) resultou que ele dera o golpe de misericórdia num cavalo provavelmente agonizante: o pobre animal tinha um aspecto sumamente equívoco: a barriga inchada, que ressoava como um tambor, a baba na boca; e devia ter escoicinhado a noite toda, vítima de terríveis tormentos, pois, deitado num flanco, escavara com as ferraduras dois semicírculos profundos na terra escura. Mesmo assim, comemos o cavalo.

Em seguida, constituíram-se diversas duplas de caçadores-coveiros especializados, que não se contentavam mais em abater os cavalos doentes ou dispersos, mas escolhiam os mais gordos, e os faziam sair deliberadamente da manada, mandando-os em seguida para o bosque. Agiam, de preferência, às primeiras luzes da aurora: um homem cobria com um pano os olhos do animal, enquanto um outro aplicava-lhe o golpe mortal (mas nem sempre) na nuca.

Foi um período de absurda abundância: havia carne de cavalo para todos, sem limite algum, gratuitamente; no máximo, os caçadores pediam por um cavalo morto duas ou três rações de tabaco. Por todas as partes do bosque — e quando chovia, também nos corredores e nos vãos da escadas da Casa Vermelha — viam-se homens e mulheres ocupados em cozinhar enormes bifes de cavalo com cogumelos: sem os quais, nós, sobreviventes de Auschwitz, demoraríamos ainda muitos meses para readquirir nossas forças.

Os russos do Comando não se preocupavam minimamente com esse saque. Houve uma única intervenção russa e uma única punição: lá pelo fim da passagem das tropas, quando a carne de cavalo começava a se tornar escassa, e o preço tendia a subir, alguém do bando de San Vittore teve o descaramento de abrir um açougue de verdade, num dos muitos buracos da Casa Vermelha. Tal iniciativa não agradou aos russos, sem ficar claro se por razões higiênicas ou morais: o culpado foi publicamente repreendido, declarado "chort (diabo), parasít, spiekulánt", e jogado no xadrez.

Não era uma punição muito severa: no xadrez, por obscuras razões, talvez pelo burocrático atavismo do tempo em que o número de prisioneiros devia ter sido três, serviam-se três rações diárias de alimento. Que os detentos fossem nove, um, ou ninguém, dava no mesmo: as rações eram sempre três. Assim, cumprida a pena, e após dez dias de superalimentação, o açougueiro abusivo saiu da cela gordo como um porco e cheio de alegria de viver.

FÉRIAS

COMO SEMPRE ACONTECE, o fim da fome pôs a nu e tornou perceptível em nós uma fome mais profunda. Não apenas o desejo da casa, de certo modo previsível e projetado para o futuro: mas uma necessidade mais imediata e urgente de contatos humanos, de contato físico e mental, de novidade e variedade.

A vida de Stáryie Doróghi, que teria sido quase perfeita se considerada como um parêntese de férias numa existência operosa, começava a pesar em nós, em virtude do ócio integral a que nos obrigava. Em tais condições, muitos partiram em busca de vida e aventuras em outros lugares. Seria impróprio falar em fuga, pois o campo não era cercado tampouco vigiado, e os russos não nos sabiam contar bem: simplesmente, cumprimentaram os amigos e se puseram a caminho pelos campos. Tiveram o que buscavam: viram gentes e cidades, foram bem longe, alguns até Odessa e Moscou, outros até a fronteira; conheceram as celas de aldeias perdidas, a hospitalidade bíblica dos camponeses, amores vagos, e interrogatórios obrigatoriamente insípidos da polícia, mais fome e solidão. Voltaram quase todos para Stáryie Doróghi, pois, se ao redor da Casa Vermelha não havia sombra de arame farpado, encontraram, todavia, fechada ferreamente a lendária fronteira para o Ocidente, que tentavam forçar.

Voltaram e se resignaram àquele regime de limbo. Os dias de verão nórdico eram muito longos: começava a dealbar às três da manhã, e o pôr do sol arrastava-se incansável até as nove, dez da noite. As excursões pelo bosque, a alimentação, o sono, os banhos arriscados no pântano, as mesmas conversas, os projetos para o futuro, não bastavam para abreviar o tempo daquela espera, e para aliviar o peso que aumentava dia após dia.

Tentamos, com pouco sucesso, uma aproximação com os russos. Os mais cultos (que falavam alemão ou inglês) mostravam-se delicados, mas desconfiados, e frequentemente interrompiam de maneira brusca uma conversa, como se se sentissem culpados ou vigiados. Com os mais simples, com os soldados de dezessete anos do Comando e com os camponeses dos arredores, as dificuldades da linguagem obrigavam-nos a relações truncadas e primordiais.

São seis horas da manhã, mas há um bom tempo a luz do dia espantou o sono. Com uma panela de batatas, preparadas por César, dirijo-me ao pequeno bosque, onde corre um riacho: por causa da água e da lenha, é o nosso lugar preferido para as operações de cozinha, e hoje estou encarregado da lavagem do vasilhame e do respectivo cozimento. Acendo o fogo sobre três pedras: e vejo um russo, a pouca distância, pequeno mas robusto, com uma espessa máscara asiática, ocupado com preparativos semelhantes aos meus. Não tem fósforos: aproxima-se de mim e, ao que parece, pede-me fogo. O dorso nu, veste apenas calças militares, e não tem um ar confiável. Carrega a baioneta no cinto.

Dou-lhe um graveto aceso: o russo toma-o em suas mãos, e fica olhando para mim com curiosidade suspeita. Imagina que as minhas batatas sejam roubadas? Tem a intenção de levá-las? Ou me tomou por alguém com quem não simpatiza?

Nada disso: uma outra coisa o perturba. Percebeu que não falo russo, e isso o contraria. O fato de que um homem, adulto e normal, não fale russo, ou seja, não fale, parece-lhe uma atitude insolente, como se eu recusasse abertamente responder-lhe. Não está mal-intencionado, ao contrário: está disposto a me ajudar, a reerguer-me de minha culpável condição de ignorância: o russo é tão fácil, todos falam russo, até mesmo as crianças que ainda não sabem andar. Senta-se perto de mim; continuo temendo pelas batatas, e o observo: mas ele, a julgar pelas aparências, deseja apenas ajudar-me a recuperar o tempo perdido. Não entende, não admite minha posição de recusa: quer ensinar-me a sua língua. Infelizmente, não é um grande professor: faltam-lhe método e paciência, e, de mais a mais, baseia-se no errôneo pressuposto de que eu possa acompanhar as suas explicações e os seus comentários. Em se tratando de vocábulos, a coisa vai muito bem, e, no fundo, não me desagrada. Indica-me uma batata e diz: "Kartofel"; depois, agarra minhas costas com a sua pata vigorosa, põe o indicador debaixo do nariz, mantêm os ouvidos abertos e permanece na expectativa. Eu repito: "Kartofel". Ele faz uma cara nauseada; a minha pronúncia não é boa: nem sequer a pronúncia! Tenta mais duas ou três vezes; depois se aborrece e muda de palavra: "Ogón", disse, indicando o fogo: aqui é melhor, parece que minha repetição o satisfaz. Olha a seu redor, à procura de outros objetos pedagógicos, fixa-me, com intensidade, ergue lentamente os pés, sempre a fixar-me, como se me quisesse hipnotizar, e, de repente, de modo fulminante, arranca a baioneta da bainha, agitando-a no ar.

Eu me ponho de pé e corro para a Casa Vermelha: tanto pior para as batatas. Mas, poucos passos depois, ouço ressoar uma risada cavernosa: saíra-se bem com a brincadeira.

"Brítva", diz, fazendo reluzir a lâmina ao sol; eu repito, não muito comodamente. Ele, com um golpe de paladino, corta secamente o ramo de uma árvore: mostra-o, e diz: "Diéreva". Eu repito: "Diéreva".

"Iá rússkii soldát." Repito, da melhor maneira: "Iá rússkii soldát". Um outro riso sardônico, que soa cheio de desprezo para mim: *ele* é um soldado russo, eu não, e isso faz uma bela diferença. Explica-o confusamente, com um mar de palavras, indicando, ora o meu peito, ora o seu, fazendo sim e não com a cabeça. Deve julgar-me um péssimo aluno, um caso extremo de obtusidade; para meu alívio, volta para o seu fogo e me abandona à minha barbárie.

Outro dia, no mesmo horário e no mesmo lugar, me deparo com um espetáculo singular. Vejo um grupo de italianos ao redor de um marinheiro russo, muito jovem, alto, de gestos rápidos e prontos. Está "contando" um episódio de guerra; e, visto não ser compreendida a sua língua, exprime-se como pode, num modo que lhe é, evidentemente, espontâneo, tanto ou mais do que a palavra: exprime-se com os músculos, com as rugas precoces que lhe marcam o rosto, com o brilho dos olhos e dos dentes, com saltos e gestos, donde nasce uma dança solitária, cheia de ímpeto e de fascínio.

É noite, *noch*; bem devagar, gira a seu redor, as mãos com as palmas para baixo. Tudo é silêncio: pronuncia um longo "psit", com o indicador paralelo ao nariz. Pisca os olhos e indica o horizonte: lá, bem longe, estão os alemães, *niémtzi*. Quantos? Cinco, faz sinal com os dedos; *finef*, acrescenta depois, em ídiche, para maior esclarecimento. Cava com a mão um pequeno buraco redondo na areia, e coloca cinco gravetos deitados: são os alemães; e depois um sexto graveto, plantado obliquamente, é a *machína*, a "metralhadora". Que fazem os alemães? Aqui os seus olhos brilham com uma alegria selvagem: *spats*, "dormem" (e ele próprio ronca suavemente, por um átimo); dormem, os insensatos, e não sabem o que os aguarda.

Que fizeram? Eis o que fizeram: aproximou-se, com cuidado, a sotavento, como um leopardo. Em seguida, pulou de repente para dentro do ninho, tirando a faca: e repete, perdido no êxtase cênico, seus atos de então. A armadilha, o combate fulminante e atroz, ei-los repetidos aos nossos olhos: o homem, de rosto transfigurado por um riso tenso e sinistro, transmuta-se num turbilhão: salta para a frente e para trás, golpeia à sua frente, nos flancos, no alto, embaixo, numa explosão de energia mortífera; mas é um furor lúcido, a sua arma (que existe, uma faca comprida, que tirou da bota) penetra, corta e rasga, a um só tempo, com ferocidade e tremenda perícia, passando a um metro de nossos rostos.

De repente, o marinheiro para, endireita-se devagar, e a faca cai-lhe das mãos: o peito arquejante, o olhar que se apaga. Olha para o chão, como que surpreendido por não ver o cadáver e o sangue; olha à sua volta, perdido, esvaziado; volta a se dar conta da nossa presença, lança-nos um tímido sorriso infantil. "Kaniéchina", diz, "terminou"; e afasta-se com um passo vagaroso.

Assaz diferente e misterioso, tanto na época quanto agora, era o caso do Tenente. O Tenente (jamais, e talvez não sem motivo, pudemos conhecer o seu nome) era um jovem russo franzino e oliváceo, eternamente enrugado. Falava perfeitamente o italiano, com um sotaque russo tão leve, que se podia confundir com qualquer entonação dialetal italiana: mas, conosco, diferentemente de todos os outros russos do Comando, manifestava escassa cordialidade e simpatia. Ele era o único a quem podíamos fazer perguntas: como falava o italiano? Por que estava entre nós? Por que nos detinham na Rússia, quatro meses após o final da guerra? Éramos reféns? Fôramos esquecidos? Por que não podíamos escrever para a Itália? Quando voltaríamos?... Mas a todas essas perguntas, pesadas como chumbo, o Tenente respondia, cortante e evasivo, com uma segurança e uma autoridade que mal se harmonizavam com a sua não muito elevada patente. Notamos que seus superiores também o tratavam com estranha deferência, como se o temessem.

Mantinha tanto dos russos quanto de nós uma distância singular. Não ria, não bebia, não aceitava convites, e tampouco cigarros: falava pouco, as palavras escolhidas, que pareciam pesar-lhe. Desde as suas primeiras aparições, era natural pensar nele como nosso intérprete e delegado junto ao Comando russo, mas viu-se logo que os seus encargos (se realmente os possuía, e se o seu comportamento não fosse apenas uma complicada maneira de se dar importância) deviam ser outros, e assim preferimos não dizer nada em sua presença. Por meio de algumas frases reticentes, percebemos que conhecia bem a topografia de Turim e de Milão. Estivera na Itália? "Não", respondeu secamente, e não deu outras explicações.

A saúde pública era excelente, e os frequentadores da enfermaria eram poucos e sempre os mesmos: alguns com furúnculos, os doentes imaginários de costume, alguns com sarna, outros com colite. Certo dia, apresentou-se uma mulher que reclamava de distúrbios imprecisos: náusea, dor de coluna, vertigens, lufadas de calor. Leonardo examinou-a: tinha hematomas por toda a parte, mas ela pediu que não reparasse neles, pois caíra da escada. Com os meios de que dispúnhamos, não era fácil dar um diagnóstico muito aprofundado, mas, por exclusão, e de acordo com os numerosos precedentes entre nossas mulheres, Leonardo declarou à paciente que se tratava, muito provavelmente, de uma gravidez de três meses. A mulher não demonstrou alegria, angústia, surpresa, ou indignação. Concordou, agradeceu, mas não foi embora. Tornou a sentar-se no banco do corredor, quieta e tranquila, como se esperasse alguém.

Era uma garota pequena e trigueira, com seus vinte e cinco anos, e um ar caseiro, submisso, estupefato: seu rosto, não muito atraente nem muito expressivo, não me parecia novo, assim como a sua maneira de falar, e suas gentis inflexões toscanas.

Certamente eu a devia ter encontrado antes, mas não em Stáryie Doróghi. Eu tinha a evanescente sensação de uma desorientação, de uma transposição, de uma importante inversão de relações, que, no entanto, não conseguia definir. De maneira imprecisa e insistente, eu relacionava um emaranhado de sentimentos intensos com aquela imagem feminina: admiração, humilde e distante, reconhecimento, frustração, medo, e até mesmo um abstrato desejo, mas principalmente uma angústia profunda e indeterminada.

Como continuasse ainda sentada no banco, quieta e imóvel, sem qualquer sinal de impaciência, perguntei-lhe se desejava algo mais, se ainda precisava de nós: terminara o expediente, não havia outros pacientes, era hora de fechar o ambulatório. "Não, não", respondeu, "não preciso de nada. Já estou indo."

Flora! A reminiscência nebulosa tomou corpo bruscamente, coagulou-se num quadro preciso, definido, rico de particularidades, de tempo e lugar, cores, estados de alma retrospectivos, atmosfera e odores. Era Flora: a italiana das adegas de Buna, a mulher do Lager, objeto de meus sonhos e dos de Alberto, durante mais de um mês, símbolo inconsciente da liberdade perdida, e não mais esperada. Flora, encontrada havia apenas um ano, e pareciam cem.

Flora era uma prostituta de província, e acabara na Alemanha com a Organização Todt. Não conhecia o alemão e ignorava qualquer outro ofício: foi designada para varrer o chão da fábrica de Buna. Varria o dia todo, extenuada, sem trocar palavra com ninguém, sem tirar os olhos da vassoura e de seu trabalho infindável. Parecia que ninguém dava por ela; como se temesse a luz diurna, quase não ia aos andares superiores: varria interminavelmente as adegas, de cima a baixo, e depois recomeçava, como se fora uma sonâmbula.

Era a única mulher que víamos fazia meses, e falava a nossa língua; mas para nós, Häftlinge, era proibido dirigir-lhe a palavra. Para Alberto e para mim, parecia belíssima, misteriosa, imaterial. Apesar da proibição, que multiplicava de certo modo o encanto de nossos encontros, fato que aumentava o sabor pungente da coisa proibida, trocamos com Flora algumas frases furtivas: fizemo-nos reconhecer como italianos, e lhe pedimos pão. Pedimos contra a vontade, conscientes de aviltar a nós mesmos e a qualidade daquele delicado contato humano: mas a fome, com a qual é difícil transigir, obrigava-nos a não desperdiçar a oportunidade.

Flora trouxe-nos pão diversas vezes, e o dava para nós com um ar perdido, nos cantos escuros do subterrâneo, secando suas lágrimas. Tinha piedade de nós, e desejaria ajudar-nos também de outras maneiras, mas não sabia como, e tinha medo. Medo de tudo, como um animal indefeso: talvez também tivesse medo de nós, não diretamente, mas enquanto personagens daquele mundo estranho e incompreensível, que a arrancara de sua aldeia, colocara-lhe nas mãos uma vassoura, relegando-a para debaixo da terra, para varrer os pavimentos cem vezes varridos.

Nós dois ficamos perturbados, agradecidos e cheios de vergonha. De repente, percebemos o nosso aspecto miserável, e sofremos com isso. Alberto, que sabia encontrar as coisas mais estranhas, pois caminhava o dia todo com os olhos voltados para o chão como um sabujo, encontrou, sabe-se lá onde, um pente; e nós, solenemente, presenteamos com ele Flora, que tinha cabelos: depois disso, sentimo-nos unidos a ela por um laço limpo e suave, e com ela sonhávamos à noite. Por isso, sofremos um grande mal-estar, uma absurda e impotente mistura de ciúme e decepção, quando a evidência nos levou a saber, a admitir que Flora tinha encontros com outros homens. Onde, como e com quem? Em modos e lugares nada românticos: pouco distantes, no feno, numa coelheira clandestina, sob o vão de uma escada, construída por uma cooperativa de Kapos alemães e poloneses. Bastava pouco: uma piscada de olhos, um sinal imperioso da cabeça, e Flora deixava a vassoura e seguia com docilidade o homem do momento. Voltava sozinha, após alguns minutos; arrumava as roupas e voltava a varrer, sem olhar o nosso rosto. Após a esquálida descoberta, o pão de Flora sabia a sal; mas nem por isso deixamos de aceitá-lo e de comê-lo.

Não me fiz reconhecer a Flora, por caridade, com ela e comigo. Diante daqueles fantasmas, do meu próprio fantasma, de Buna, da mulher da lembrança e de sua reencarnação, eu me sentia mudado, intensamente "outro", como uma borboleta diante da lagarta. No limbo de Stáryie Doróghi eu me sentia sujo, esfarrapado, cansado, pesado, extenuado pela espera, mas, mesmo assim, jovem e cheio de forças, e voltado para o futuro: Flora, entretanto, não mudara. Vivia agora com um sapateiro de Bérgamo, não conjugalmente, mas como escrava. Lavava e cozinhava para ele, e o seguia, olhando-o com seu olhar humilde e submisso; o homem, taurino e simiesco, vigiava todos os seus passos, e a surrava com selvageria a cada sombra de suspeita. Donde os hematomas que lhe cobriam o corpo; viera escondida para a enfermaria e agora hesitava em sair ao encontro da cólera de seu patrão.

Em Stáryie Doróghi, ninguém exigia nada de nós, nada nos solicitava, nenhuma força era exercida sobre nós, não precisávamos nos defender de nada: como se estivéssemos inertes e acomodados como o sedimento de um aluvião. Naquela vida turva e sem acontecimentos, a chegada da caminhonete do cinematógrafo militar soviético marcou uma data memorável. Devia ser uma unidade itinerante, que teria servido junto às tropas da fronteira ou da retaguarda, e que agora, ela também, voltava para a sua terra. Possuía um projetor, um gerador, um acervo de filmes e o pessoal de serviço. Parou em Stáryie Doróghi por três dias, e deu espetáculo todas as noites.

As projeções aconteciam na sala do teatro: era muito espaçosa, e as cadeiras, levadas pelos alemães, foram substituídas por rústicas bancadas em equilíbrio instável no chão, que se elevam da tela para a galeria. A galeria, igualmente inclinada, limitava-se a uma faixa estreita; a parte mais alta, por uma engenhosa elevação dos misteriosos e caprichosos arquitetos da Casa Vermelha, fora separada e subdividida numa série de salas sem ar e sem luz, cujas portas davam para o palco. Moravam aí as mulheres sozinhas da nossa colônia.

Na primeira noite foi projetado um velho filme austríaco, em si mesmo medíocre, e de escasso interesse para os russos, mas rico de emoções para nós, italianos. Era um filme de guerra e de espionagem, mudo, com legendas em alemão; mais precisamente um episódio da Primeira Guerra Mundial, no front italiano. Havia naquele filme o mesmo candor e a mesma estrutura retórica dos filmes análogos da produção aliada: honras militares, fronteiras, combatentes heroicos, mas todos prontos para chorar como virgens, ataques de baioneta conduzidos com improvável entusiasmo. Todavia, tudo estava de cabeça para baixo: os austro-húngaros, oficiais e soldados, eram nobres, personagens valorosos e cavalheirescos; rostos espirituais e sensíveis de guerreiros estoicos, rostos rudes e honestos de camponeses, inspirando simpatia desde o primeiro olhar. Os italianos, sem exceção, eram uma caterva de velhacos vulgares, todos marcados por vistosos e risíveis defeitos corporais: estrábicos, obesos, corcundas, com as pernas arqueadas, com a fronte baixa e inclinada para trás. Eram vis e ferozes, mesquinhos e brutais: os oficiais, com rostos de renitentes depravados, esmagados sob o peso incongruente do boné em forma de panela, que nos era familiar nos retratos de Cadorna e de Diaz;

os soldados, com carrancas suínas ou simiescas, sublinhadas pelo capacete de nossos pais, enterrado de viés ou abaixado até os olhos, para esconder sinistramente o olhar.

O traidor dos traidores, espião italiano em Viena, era uma extravagante quimera, meio D'Annunzio e meio Vittorio Emanuele: de estatura absolutamente baixa, tanto que era obrigado a olhar a todos de baixo para cima, trazia um monóculo e uma gravata-borboleta, e andava para cima e para baixo na tela, com saltos arrogantes de galeto. Voltando às linhas italianas, dirigia com abominável frieza o fuzilamento de dez civis tiroleses inocentes.

Nós, italianos, tão pouco habituados a nos reconhecer nas vestes do "inimigo", odioso por definição; tão consternados com a ideia de sermos odiados por quem quer que seja, tiramos da visão do filme um prazer complexo, não desprovido de inquietação, e fonte de salutares meditações.

Na segunda noite, foi anunciado um filme soviético, e o ambiente começou a esquentar: entre nós, italianos, porque era o primeiro que víamos; entre os russos, porque o título prometia um episódio de guerra, cheio de movimento e tiroteio. Espalhara-se a notícia: chegaram, inesperadamente, soldados russos das guarnições próximas e distantes, aglomerando-se diante das portas do teatro. Quando as portas se abriram, irromperam como a cheia de um rio transbordante, saltando ruidosamente sobre os bancos, apertando-se, uns contra os outros, com boas cotoveladas e empurrões.

O filme era ingênuo e linear. Um avião militar soviético fora obrigado a aterrissar por avarias num território impreciso, montanhoso, de fronteira; era um pequeno avião de dois lugares, estando a bordo apenas o piloto. Consertado o defeito, no momento de decolar, apresentou-se uma pessoa importante do lugar, um xeque de turbante, de aspecto extraordinariamente suspeito; com melífluas reverências e genuflexões turcas, suplicava para que fosse recebido a bordo. Até mesmo um idiota teria entendido que se tratava de um perigoso biltre, provavelmente um contrabandista, um chefe dissidente ou um agente estrangeiro: mas o piloto, com desvairada paciência, concordou com os seus prolixos pedidos, e o acomodou na cadeira posterior do aparelho.

Assistíamos à decolagem e a algumas ótimas cenas do alto das cadeias montanhosas, onde brilhavam massas de gelo (creio que se tratava do Cáucaso): o xeque, então, com secretos movimentos viperinos, tirou das dobras do manto uma pistola, apontou-a para as costas do piloto, e o intimou a mudar de rota. O piloto, sem ao menos voltar-se, reagiu com fulminante decisão: empinou o aparelho, e executou o brusco giro da morte. O xeque se agachou na cadeira, tomado pelo medo e pela náusea; o piloto, em vez de colocá-lo fora de combate, prosseguiu tranquilamente a rota para a meta prefixada. Passados poucos minutos, e outras admiráveis cenas de alta montanha, o bandido se recuperou; arrastou-se até o piloto, levantou novamente a pistola, e repetiu a tentativa. Dessa vez, o avião fez um voo picado, e se precipitou por milhares de metros com o nariz para baixo, para o inferno de picos escarpados e abismos; o xeque desmaiou e o avião retomou a sua rota. Assim prosseguiu o voo, por mais de uma hora, com as sempre repetidas agressões por parte do muçulmano, e as sempre novas acrobacias por parte do piloto; até que, após uma derradeira intimação do xeque, que parecia ter sete vidas como os gatos, o avião entrou em parafuso, nuvens, montanhas e massa de gelo rodopiavam violentamente, e desceu a salvo no campo de aterrissagem prefixado. O xeque, desfalecido, foi algemado; o piloto, fresco como uma flor, em vez de seguir para o inquérito, recebeu apertos de mão por parte de seus superiores, a promoção no campo, e o verecundo beijo de uma garota que, havia tempo, parecia esperá-lo.

Os soldados russos do público acompanharam com fragorosa paixão a tosca aventura, aplaudindo o herói e insultando o traidor; mas não foi nada, se comparado com o que ocorreu na terceira noite.

Na terceira noite, foi anunciado *Furacão* (*Hurricane*), um razoável filme americano dos anos 30. Um marinheiro da

Polinésia, moderna versão do "bom selvagem", homem simples, forte e doce, foi vulgarmente provocado numa taberna por um grupo de brancos embriagados, e acabou por ferir levemente um deles. A razão está, obviamente, do seu lado, mas ninguém testemunha a seu favor; é preso, processado, e, com a sua patética incompreensão, condenado a um mês de reclusão. Resiste apenas poucos dias: não só por uma sua quase animalesca necessidade de liberdade, e intolerância de limites, mas principalmente porque sente, e sabe, que não foi ele, mas os brancos, que violaram a justiça; se essa é a lei dos brancos, então a lei é injusta. Golpeia um guarda, e foge em meio a uma chuva de balas.

Agora, o doce marinheiro tornou-se um criminoso consumado. É procurado em todo o arquipélago, mas é inútil buscá-lo mais longe: voltou tranquilamente à sua aldeia. Foi detido novamente, e relegado a uma ilha remota, numa penitenciária: trabalho e chicotadas. Foge de novo, lança-se ao mar numa confusão vertiginosa, rouba um barco e veleja, durante dias, para a sua terra, sem comer nem beber: aproa, exausto, enquanto se arma o furacão, prometido pelo título. O furacão se desencadeia, furibundo, e o homem, como um bom herói americano, luta sozinho contra os elementos, e salva não apenas sua mulher, mas a igreja, o pastor e os fiéis, que se julgavam abrigados na igreja. Assim, reabilitado, com a menina ao lado, caminha para um futuro feliz, sob o sol que desponta entre as últimas nuvens em fuga.

Esse episódio, tipicamente individualista, elementar, e que não era mal contado, desencadeou entre os russos um entusiasmo sísmico. Já uma hora antes do início, uma multidão tumultuante (atraída pelo cartaz, que mostrava a imagem da menina polinésia, esplêndida e muito pouco vestida) pressionava as portas; eram quase todos soldados, muito jovens, armados. Estava claro que mesmo no grande "salão inclinado" não havia lugar para todos, nem mesmo de pé; por isso, lutavam ferozmente, a cotoveladas, para conquistar a entrada. Um caiu, foi pisoteado, e chegou no dia seguinte à enfermaria; pensávamos que estivesse esmigalhado, mas não tinha mais do que algumas contusões: gente de ossos robustos. Logo, as portas foram arrombadas, despedaçadas, e os escombros, empunhados como clavas: a multidão, que se espremia, de pé, dentro do teatro, estava, desde o princípio, altamente agitada e belicosa.

Era para eles como se os personagens do filme, em vez de sombras, fossem amigos ou inimigos de carne e osso, ao alcance de todos. O marinheiro era aclamado a cada ação, saudado com hurras fragorosos, e com as metralhadoras perigosamente agitadas acima de suas cabeças. Os policiais e os carcereiros eram insultados sanguinosamente, acolhidos com gritos de "vai embora", "à morte", "abaixo", "deixa estar". Quando, após a primeira evasão, o fugitivo, exausto e ferido, foi novamente acorrentado, e ainda mais ridicularizado pela máscara sardônica e assimétrica de John Carradine, desencadeou-se um pandemônio. O público insurgiu gritando, em generosa defesa do inocente: uma onda de vingadores agitou-se, ameaçadora, na direção da tela, por sua vez insultada e detida por elementos menos acesos ou mais interessados em ver como ia terminar o filme. Voaram à tela pedras, torrões de terra, estilhaços das portas demolidas, até mesmo uma bota de ordenança, lançada com furiosa precisão entre os dois olhos odiosos do grande inimigo, que sobressaía num enorme primeiro plano.

Quando chegou a longa e vigorosa sequência do furacão, o tumulto voltou-se para a assistência. Ouviram-se gritos agudos das poucas mulheres que caíram em armadilhas em meio à multidão; desapareceu uma estaca, e depois uma outra, passadas de mão em mão, acima das cabeças, entre gritos ensurdecedores. No princípio não se compreendeu para que deviam servir, mas, depois, tudo ficou claro: um plano, provavelmente premeditado entre os excluídos, que faziam tumulto do lado de fora. Tentaram escalar a galeria feminina.

As estacas foram erguidas e apoiadas no balcão, e vários energúmenos, tirando as botas, começaram a escalar as estacas, como se faz nas feiras do interior, no pau de sebo. A partir daquele momento, o espetáculo da escalada tirou todo o interesse do que acontecia na tela. Quando um dos pretendentes conseguiu subir além da maré de cabeças, foi puxado pelos pés e levado de volta ao chão por dez ou vinte mãos. Formaram-se grupos de partidários e adversários: um homem mais audacioso conseguiu libertar-se da multidão e subir com grandes braçadas; foi seguido por outro homem, ao longo da mesma estaca. Lutaram por alguns minutos, quase na altura do balcão, o de baixo agarrando os calcanhares do de cima, este defendendo-se com chutes, desferidos às cegas. Ao mesmo tempo, viram aparecer no balcão as cabeças de um destacamento de italianos, que subiram apressadamente pelas escadas tortuosas da Casa Vermelha, para proteger as mulheres sitiadas; a estaca, repelida pelos defensores, oscilou, permaneceu equilibrada por um longo instante em posição vertical, e depois tombou em meio à multidão como um pinheiro derrubado pelos lenhadores, com dois homens agarrados nela. Naquele instante, não saberia dizer se por acaso ou se por uma sábia intervenção do alto, a lâmpada do projetor se apagou, tudo mergulhou na escuridão, o clamor da plateia atingiu uma intensidade pavorosa, e todos correram para fora, ao clarão da lua, entre gritos, blasfêmias e aclamações.

Para tristeza de todos, a caravana do cinema partiu na manhã seguinte. Na noite sucessiva, verificou-se uma renovada e temerária tentativa russa de invadir os andares femininos, dessa vez pelos telhados e calhas; após o quê, foi instituído um serviço de vigilância noturna, aos cuidados de voluntários italianos. Além disso, para maior cautela, as mulheres da galeria foram desalojadas, e se reuniram com o grosso da população feminina, num quarto coletivo: disposição menos íntima, embora mais segura.

O TEATRO

POR VOLTA DE MEADOS DE AGOSTO, foi encontrado, todavia, um terreno de contato com os russos. Apesar do segredo de bastidores, todo o campo veio a saber que os "romenos", com o consenso e o apoio das autoridades, estavam organizando uma revista: os ensaios aconteciam no Salão Inclinado, cujas portas foram restauradas da melhor maneira, e eram vigiadas por piquetes que impediam a entrada de todos os estrangeiros. Entre os números da revista, havia uma dança de salto e ponta: o especialista, um marinheiro muito consciencios100, ensaiava todas as noites, num pequeno círculo de conhecedores e conselheiros. Ora, tal exercício é por sua natureza barulhento: passou por lá o Tenente, ouviu o estrépito rítmico, forçou o posto de bloqueio, com claro abuso de poder, e entrou. Assistiu a duas ou três sessões, para incômodo dos presentes, sem sair de sua habitual reserva e sem amansar a sua carranca hermética; depois, inesperadamente, fez saber ao comitê organizador que em suas horas livres era um apaixonado cultor da dança, e havia tempo seu desejo era o de aprender a dançar, precisamente de salto e ponta; e que portanto o bailarino estava sendo convidado, aliás, intimado, a ministrar-lhe uma série de lições.

O espetáculo dessas lições interessava-me tanto, que encontrei a maneira de acompanhá-las, enfiando-me pelos singulares meandros da Casa Vermelha, e escondendo-me num canto escuro. O Tenente era o melhor aluno que se podia imaginar: seríssimo, cheio de boa vontade, tenaz, e fisicamente bem-dotado. Dançava de uniforme, com as botas: uma hora de relógio por dia, sem conceder um instante de descanso ao professor e a si mesmo. Fazia progressos rapidamente.

Quando a revista foi levada à cena, uma semana depois, o número do "salto e ponta" foi uma surpresa para todos: dançaram professor e aluno, irrepreensivelmente, com impecável paralelismo e sincronia; o professor, piscando e sorrindo, trajando uma fantasiosa roupa cigana preparada pelas mulheres; o Tenente, de nariz empinado e olhos fixos no chão, funéreo, como se executasse uma dança de sacrifício. De uniforme, naturalmente, medalhas ao peito e coldre ao flanco, dançando com ele.

Foram aplaudidos; como também foram aplaudidos diversos outros números não muito originais (algumas canções napolitanas de repertório clássico; "I pompieri di Viggiú", um sketch no qual um apaixonado conquista o coração da menina com um maço, não de flores, mas de "*ryba*", o nosso fedorento peixe cotidiano; a "Montanara" cantada em coro, o maestro do coro era o sr. Unverdorben). Mas tiveram sucesso entusiasmado, e merecido, dois números menos comuns.

Entrava em cena, com passo desajeitado e pernas largas, um grande e gordo personagem, mascarado, agasalhado e mal vestido, parecendo o célebre Bibendum dos pneus Michelin. Saudava o público à maneira dos atletas, com as mãos juntas, acima da cabeça; enquanto isso, dois criados faziam rolar ao seu lado, com grande dificuldade, um enorme aparelho, constituído por uma barra e duas rodas, daqueles usados pelos levantadores de peso.

Ele se curvou, agarrou a barra, esticou todos os músculos: nada, a barra não se mexia. Tirou, então, a sua capa, dobrando-a meticulosamente, estendendo-a no chão, e preparando-se para uma nova tentativa. Visto que também dessa vez o peso não se levantava do solo, tirou uma segunda capa, deixando-a junto à primeira; e assim tirou várias capas, civis e militares, impermeáveis, túnicas, capotes. O atleta diminuía de volume a olhos vistos, o palco abarrotava-se de indumentos, e o peso parecia ter criado raízes no chão.

Uma vez terminadas todas as capas, começou a tirar casacos de vários tipos (entre os quais um listrado de Häftling, em homenagem à nossa minoria), depois camisas em abundância, e sempre, após cada peça que deixava no chão, tentava com obstinada solenidade soerguer o instrumento, e desistia sem o mínimo sinal de impaciência ou de surpresa. Porém, enquanto tirava a quarta ou a quinta camisa, parou de repente. Olhou a camisa com atenção, primeiramente à distância de um braço, depois de perto; examinou o colarinho e as costuras com ágeis movimentos símios, e eis que extraiu com o polegar e o indicador um imaginário piolho. Examinou-o com olhos esbugalhados de horror, apoiou-o com delicadeza no chão, traçou ao seu redor um pequeno círculo com giz, caminhou para trás, ergueu com uma única mão o aparelho, que então se tornou leve como um junco, e esmagou o piolho com um golpe seco e preciso.

Depois, terminado o rapidíssimo parêntese, recomeçou a tirar as camisas, as calças, meias e cintas, com gravidade e compostura, buscando erguer, em vão, o peso. No final, ficou de cuecas, em meio à montanha das peças de roupa: tirou a máscara, e o público reconheceu o simpático e popularíssimo cozinheiro Gritacuco, pequeno, seco, saltitante, atarefado, oportunamente apelidado por César de Matagrilo. Batiam palmas: Matagrilo olhava a seu redor atônito; depois, como tomado pelo susto repentino do público, apanhava o peso, que provavelmente era feito de papelão, enfiava-o debaixo da axila, e fugia apressadamente.

Outro grande sucesso foi a canção do "Chapéu de três pontas". Essa é uma canção rigorosamente desprovida de sentido, que consiste num único quarteto, sempre repetido ("O meu chapéu tem três pontas/ Tem três pontas o meu chapéu/ Se não tivesse três pontas/ Não seria o meu chapéu"), sendo cantado com uma melodia batida e gasta pelo costume, tanto que ninguém mais reconhece a sua origem. Todavia, sua característica, a cada repetição, é que uma das palavras do quarteto não seja pronunciada, devendo ser substituída por um gesto: a mão côncava na cabeça para dizer "chapéu", uma batida de punho no peito para "meu", os dedos que se apertam, subindo, e seguindo a superfície de um cone, para "pontas": até que, ultimada a eliminação, a estrofe se reduz a uma balbuciante mutilação de artigos e de conjunções não mais exprimíveis por sinais, ou, segundo uma outra versão, ao silêncio total, escandido por gestos rítmicos.

No grupo heterogêneo dos "romenos", devia encontrar-se alguém que tinha o teatro no sangue: na sua interpretação, esse capricho infantil tornou-se uma pantomima sinistra, obscuramente alegórica, cheia de ressonâncias simbólicas e inquietantes.

Uma pequena orquestra, cujos instrumentos haviam sido fornecidos pelos russos, começava por um exangue motivo, em tons baixos e surdos. Balançando lentamente no ritmo, entraram em cena três personagens sinistros: vestindo capas negras, com capuzes negros na cabeça, e dos capuzes emergiram três vultos de palor cadavérico e decrépito, marcados por profundas rugas lívidas. Entraram com hesitante passo de dança, tendo nas mãos três longas velas apagadas. Ao chegarem ao centro da ribalta, seguindo sempre o ritmo, inclinaram-se para o público com dificuldade senil, dobrando-se lentamente sobre os rins anquilosados, com pequenos puxões: para se curvarem e reerguerem empregaram dois minutos, que eram angustiantes para os espectadores. Readquiriram penosamente a posição ereta, a orquestra ficou muda, e os três fantasmas começaram a cantar a estrofe insossa, com voz trêmula e entrecortada. Cantavam: e a cada repetição, com o acumular-se dos espaços, substituídos pelos gestos incertos, parecia que a vida, junto com a voz, fugia deles. Pronunciada pela pulsação hipnótica de um único tambor em surdina, a paralisia progredia lenta e irreparável. A última repetição, no silêncio absoluto da orquestra, dos cantores e do público, era uma dolorosa agonia, um esforço moribundo.

Terminada a canção, a orquestra recomeçou lugubremente: as três figuras, com um esforço derradeiro, tremendo em todos os seus membros, repetiram a reverência. Conseguiram incrivelmente reerguer-se, e com a vela que vacilava, com horrenda e macabra hesitação, mas sempre segundo o ritmo, desapareceram atrás dos bastidores.

O número do "Chapéu de três pontas" nos deixava sem respiração, sendo recebido todas as noites com um silêncio mais eloquente do que os aplausos. Por quê? Talvez porque se percebesse, sob o aparato grotesco, o sopro pesado de um sonho coletivo, do sonho que evapora do exílio e do ócio, quando cessam o trabalho e o tormento, e nada protege o homem de si mesmo; talvez porque se reconhecesse a impotência e a nulidade da nossa vida e da vida, e o perfil torto e arqueado dos monstros gerados pelo sono da razão.

Mais inócua, aliás pueril e macarrônica, foi a alegoria do espetáculo que se organizou em seguida. Era óbvia desde o título, *O naufrágio dos abúlicos*: os abúlicos éramos nós, os italianos, perdidos no caminho do repatriamento e acostumados a uma existência de inércia e de tédio; a ilha deserta era Stáryie Doróghi; e os canibais eram vistosamente eles, os bons russos do Comando. Canibais sem economia: apareciam à cena nus e tatuados, tagarelavam num jargão primitivo e ininteligível, alimentavam-se de carne humana crua e sanguinolenta. O chefe deles morava numa cabana de ramos, tinha por escabelo um escravo branco que ficava permanentemente de quatro, e trazia ao peito um grande despertador, que consultava não para saber as horas, mas para tirar auspícios nas decisões de governo. O camarada Coronel, responsável pelo nosso campo, devia ser um homem de espírito, ou extremamente paciente ou estúpido, para ter autorizado uma caricatura tão áspera de sua pessoa e do seu cargo: ou se tratava mais uma vez da benéfica e secular incúria russa, da negligência oblomoviana, que aflorava em todos os níveis naquele momento feliz de sua história.

Na realidade, pelo menos uma vez, suspeitamos que o Comando não tivesse digerido a sátira, ou que estivessem arrependidos. Após a primeira representação do "Naufrágio", em plena noite, desencadeou-se na Casa Vermelha uma confusão: gritos pelos quartos, chutes nas portas, ordens em russo, em italiano, e em péssimo alemão. Nós, que vínhamos de Katowice, e que já assistíramos a um pandemônio análogo, assustamo-nos somente em parte: os outros perderam a cabeça (os "romenos" especialmente, que eram os responsáveis pelo roteiro); espalhou-se logo a notícia de uma represália dos russos, e os mais apreensivos já pensavam na Sibéria.

Os russos, por intermédio do Tenente, que naquela circunstância parecia mais arrogante e mesquinho que de costume, fizeram-nos levantar, vestir às pressas, e colocaram-nos em fila num dos meandros da construção. Passou meia hora, uma hora, e nada acontecia. Não dava para entender onde começava a fila, da qual eu ocupava o último lugar e que não avançava um passo. Além daquela represália contra os "abúlicos", corriam de boca em boca as hipóteses mais estranhas: os russos decidiram procurar os fascistas; procuravam as duas mulheres do bosque; faziam-nos inspecionar, por causa da blenorragia; recrutavam gente para trabalhar no *kolkhoz*; buscavam especialistas como os alemães. Vimos, mais tarde, passar um italiano, bastante alegre. Disse: "Estão dando dinheiro!", e agitava na mão um maço de rublos. Ninguém acreditou: mas passou um segundo, e depois um terceiro, e todos confirmaram a notícia. O caso não foi jamais bem compreendido (mas, por outro lado, quem jamais compreendeu por que estávamos em Stáryie Doróghi, e o que estávamos fazendo?): segundo a interpretação mais sábia, nós, pelo menos para alguns oficiais soviéticos, éramos equiparados a prisioneiros de guerra, e, portanto, nos correspondia uma compensação pelas jornadas prestadas. Mas com que critério tais jornadas seriam computadas (quase nenhum de nós trabalhara para os russos, nem em Stáryie Doróghi nem antes); por que recompensavam também os meninos; e, principalmente, por que a cerimônia devia acontecer de maneira tão tumultuada entre as duas e as seis da manhã, tudo isso está destinado a permanecer obscuro.

Os russos distribuíram pagamentos que variavam de trinta a oitenta rublos por cabeça, segundo critérios imperscrutáveis, ou ao acaso. Não eram grandes somas, mas agradaram a todos: equivaliam a gêneros de conforto para alguns dias. Voltamos para a cama ao amanhecer, comentando de várias maneiras o acontecido; e ninguém compreendeu que se tratava de um fausto presságio, do prelúdio ao repatriamento.

Mas, daquele dia em diante, mesmo sem o anúncio oficial, os sinais começaram a se multiplicar. Sinais tênues, incertos, tímidos; mas bastaram para difundir a sensação de que alguma coisa finalmente começava a se mover, que alguma coisa estava para acontecer. Chegou uma patrulha de jovens soldados russos, imberbes e desorientados: disseram-nos que vinham da Áustria, e que deveriam partir logo, escoltando um comboio de estrangeiros: mas não sabiam aonde. Do Comando, após meses de inúteis petições, foram distribuídos sapatos para todos que precisassem. Enfim, o Tenente desapareceu, como numa assunção ao céu.

Tudo era extremamente vago, e bastante ambíguo. Mesmo admitindo que uma partida era iminente, quem nos assegurava que se tratava do repatriamento, e não de uma nova transferência sabe-se lá para onde? A longa experiência que havíamos adquirido das maneiras dos russos aconselhava-nos a temperar a nossa esperança com um salutar coeficiente de dúvida. Até mesmo a estação contribuía para a nossa inquietude: nos primeiros dez dias de setembro o sol e o céu se ofuscaram, o ar tornou-se frio e úmido, e começaram as primeiras chuvas, que nos faziam recordar a precariedade de nossa condição.

Estrada, prados e campos transformaram-se num desolado charco. Pelos tetos da Casa Vermelha filtrava água em abundância, que de noite se infiltrava sem piedade em nossas enxergas; mais água entrava pelas janelas sem vidros. Nenhum de nós possuía roupas pesadas. Na aldeia, viram-se os camponeses voltando ao bosque com carroças de faxinas e de lenha; outros reencontravam as suas habitações, arrumavam os tetos de palha; todos, inclusive as mulheres, calçavam botas. O vento trazia das casas um cheiro novo, alarmante: a fumaça penetrante da lenha úmida que ia queimando, o cheiro do inverno que chegava. Outro inverno, o terceiro: e que inverno!

Mas o anúncio veio, afinal: o anúncio da volta, da salvação, da conclusão de nossos infindáveis errores. Veio de duas maneiras novas e insólitas, de duas partes, e foi convincente, aberto, e dissipou toda a ânsia. Veio no teatro e por meio do teatro, veio ao longo da estrada enlameada, trazido por um mensageiro ilustre e estranho.

Era noite, chovia, e no Salão Inclinado abarrotado de pessoas (que mais podíamos fazer à noite, antes de nos enfiarmos entre as cobertas úmidas?) representava-se o *Naufrágio dos abúlicos*, talvez pela nona ou pela décima vez. Esse *Naufrágio* era uma obra informe, embora cheia de fantasia, viva pelas argutas e indulgentes alusões à nossa vida cotidiana; assistimos a todas as apresentações e agora o conhecíamos abundantemente de cor, e cada apresentação nos fazia rir cada vez menos, especialmente aquela cena onde um Cantarella [cantárida] ainda mais selvagem do que o original construía uma enorme panela de lata sob encomenda dos russos-antropófagos, que pretendiam cozinhar os principais notáveis abúlicos; e nosso coração apertava-se sempre mais na cena final, quando chegava o navio.

Havia, como é evidente que devia haver, uma cena em que despontava uma vela no horizonte, quando todos os náufragos, rindo e chorando, acorriam à praia inóspita. Ora, justo quando o decano de todos, velho e de cabelos brancos, curvado pela interminável espera, apontava o mar com um dedo e gritava: "Um navio!", enquanto todos nós, com um nó na garganta, nos preparávamos para o desenlace amaneirado da última cena e para recolher-nos mais uma vez aos nossos abrigos, sentimos uma angústia súbita, e vimos o chefe dos canibais, verdadeiro *deus ex machina*, cair verticalmente no palco como se caísse do céu. Arrancou o despertador do pescoço, o anel do nariz, arrancou o chapéu de penas da cabeça, e gritou com voz de trovão: "Amanhã vamos partir!".

Fomos surpreendidos, e não compreendemos de pronto. Tratava-se talvez de uma brincadeira? Mas o selvagem insistiu: "Não é mais teatro, estou falando sério! Chegou o telegrama, amanhã vamos todos para casa!". Naquela ocasião fomos nós, italianos, atores, espectadores e comparsas, que arrastamos rapidamente os assustados russos, que nada compreenderam daquela cena não prevista no roteiro. Saímos em desordem, e foi inicialmente um entrecruzar de perguntas sem respostas: mas depois vimos o coronel, em meio a um círculo de italianos, fazendo sim com a cabeça, e então entendemos que a hora havia chegado. Acendemos fogos no bosque, e ninguém dormiu: passamos o resto da noite cantando e dançando, contando um para o outro as aventuras passadas, e relembrando os companheiros perdidos, pois não é dado aos homens desfrutar alegrias incontaminadas.

Na manhã seguinte, enquanto a Casa Vermelha zunia e fervilhava como uma colmeia que prepara o enxame, vimos chegando ao longo da estrada um pequeno automóvel. Havia pouquíssimos então, razão pela qual o fato nos deixou curiosos: ainda mais porque não se tratava de um carro militar. Diminuiu a velocidade em frente ao campo, e entrou aos solavancos na charneca, que se estendia à frente da fachada bizarra. Vimos então que era um veículo familiar a todos, um Fiat 500 A, um "Topolino" em mau estado e enferrujado, com as suspensões piedosamente deformadas.

Parou na entrada e foi logo circundado por uma multidão de curiosos. Dela saiu, com grande dificuldade, uma extraordinária figura. Não parava mais de sair, era um homem altíssimo, corpulento, rubicundo, num uniforme que não havíamos visto antes: um general soviético, um generalíssimo, um marechal. Quando saiu totalmente da porta, a minúscula carroceria soergueu-se um bom palmo, e as suspensões pareceram respirar. O homem era literalmente maior do que o carro, e não se podia compreender como conseguira entrar. Essas suas dimensões conspícuas foram ulteriormente acrescidas e postas em relevo: tirou do carro um objeto negro, e o desdobrou. Era uma capa que ia até o chão, com duas longas ombreiras rígidas, de madeira: com gesto desenvolto, que atestava uma grande familiaridade com aqueles atavios, fê-la virar para o dorso e a adaptou às costas, tornando anguloso o seu contorno arredondado. Visto de trás, o homem era um monumental retângulo negro, de um metro por dois, que caminhava com majestosa simetria para a Casa Vermelha, entre duas alas de pessoas, acima das quais despontava a sua cabeça. Como teria passado pela porta, largo como era? Recolheu para trás as ombreiras, como duas asas, e entrou.

Esse mensageiro celeste, que viajava sozinho em meio ao lodo num carro utilitário, velho e aos pedaços, era o marechal Timosénko em pessoa, Semión Konstantínovich Timosénko, o herói da Revolução bolchevique, da Carélia e de Stalingrado. Após a recepção por parte dos russos, que foi singularmente sóbria e durou apenas alguns minutos, ele saiu novamente do edifício e conversou amigavelmente conosco, italianos, parecido com o tosco Kutuzov de *Guerra e paz*, no prado, em meio às panelas, onde se cozinhava o peixe, e à roupa estendida. Falava corretamente romeno com os "romenos" (pois é originário da Bessarábia), e conhecia até mesmo um pouco de italiano. O vento úmido agitava a sua cabeleira grisalha, que contrastava com a sua compleição sanguínea e bronzeada de soldado, comilão e beberrão; disse-nos que sim, que era mesmo verdade: partiríamos cedo, muito cedo; "guerra terminada, todos em casa"; a escolta já estava pronta, os víveres para a viagem também, os papéis em ordem. Dentro de poucos dias, o trem estaria esperando por nós na estação de Stáryie Doróghi.

DE STÁRYIE DORÓGHI PARA IASI

QUE A PARTIDA NÃO DEVIA SER ESPERADA para "amanhã", ao pé da letra, como dissera o selvagem no teatro, no fundo não surpreendeu a ninguém. Já em várias ocasiões pudéramos constatar que o termo russo correspondente para um daqueles deslizes semânticos, jamais desprovidos de significado, representa algo menos definido e peremptório do que o nosso "amanhã", e em harmonia com os costumes russos, vale dizer, "um dia desses", "cedo ou tarde", "num tempo não distante": em suma, o rigor da determinação temporal é levemente atenuado. Não nos surpreendeu, como também não nos entristeceu excessivamente. Quando a partida ficou acertada, percebemos, para nossa surpresa, que aquela terra sem fim, aqueles campos e bosques, onde se desenrolara a guerra, aos quais devíamos a própria salvação, aqueles horizontes intactos e primordiais, aquela gente vigorosa e amante da vida, pertenciam ao nosso coração, penetraram em nós e permaneceram longamente: imagens gloriosas e vivas de uma estação única em nossa existência.

Não "amanhã", mas poucos dias após a notícia, em 15 de setembro de 1945, deixamos em caravana a Casa Vermelha e chegamos com grande alegria à estação de Stáryie Doróghi. O trem estava lá, à nossa espera, não era uma ilusão dos sentidos; havia carvão, água também, e a locomotiva, enorme e majestosa, como um monumento de si própria, estava no lado certo. Apressamo-nos a apalpar-lhe o flanco: meu Deus, estava frio! Os vagões eram sessenta: vagões de carga, bastante avariados, parados no desvio morto. Invadimos o trem com fúria jubilosa e sem controvérsias; éramos mil e quatrocentos, vale dizer, de vinte a vinte e cinco homens por vagão, algo que, à luz de nossas muitas experiências ferroviárias anteriores, significava uma viagem cômoda e repousante.

O trem não partiu logo, aliás, só partiu no dia seguinte; e foi inútil perguntar ao chefe da minúscula estação que nada sabia. Nesse intervalo, passaram apenas dois ou três comboios, e nenhum parou, aliás, nenhum diminuiu a velocidade. Quando um deles se aproximava, o chefe da estação esperava-o na plataforma, segurando no alto uma coroa feita de ramos, na qual estava preso um pequeno saco; da locomotiva em movimento, o maquinista debruçava-se, com o braço direito em forma de gancho. Agarrava de um só golpe a coroa, e jogava em seguida outra igual, essa também com um pequeno saco: era o serviço postal, único contato de Stáryie Doróghi com o resto do mundo.

Tudo mais era imobilidade e repouso. Ao redor da estação, levemente elevada, estendiam-se pradarias intermináveis, limitadas apenas no poente pela linha negra do bosque e cortadas pelo traçado vertiginoso dos trilhos. Pastavam pouquíssimos rebanhos, muito distantes uns dos outros, isolados, que rompiam a uniformidade da planície. Na longa noite de vigília, ouviam-se cantos tênues e modulados dos pastores. Um cantava, o segundo respondia, a quilômetros de distância, depois outro, e mais outro, de todos os pontos do horizonte, e era como se a própria Terra cantasse.

Preparamo-nos para a noite. Após tantos meses e transferências, constituíamos uma comunidade organizada: razão pela qual não nos espalhamos sem critério nos vagões, mas segundo núcleos espontâneos de convivência. Os "romenos" ocupavam uma dezena de vagões; três eram reclamados pelos ladrões de San Vittore, que não queriam ninguém e que ninguém queria; outros três para mulheres sozinhas; quatro ou cinco abrigavam os casais, legítimos ou não; dois, divididos em dois andares por uma divisória horizontal, e famosos pelos lençóis estendidos para secar, pertenciam às famílias com crianças. Dentre todos, o mais vistoso era o vagão-orquestra: ocupado, por completo, pela companhia teatral do Salão Inclinado, com todos os seus instrumentos (incluindo um piano), generosamente doados pelos russos no momento da partida. O nosso, por iniciativa de Leonardo, fora declarado vagão-enfermaria: denominação presunçosa e cheia de veleidade, porque Leonardo não dispunha senão de uma seringa e de um estetoscópio, e o chão não era de madeira menos dura do que a dos outros vagões; além disso, não havia em todo o comboio sequer um doente, como também nenhum paciente apresentou-se durante toda a viagem. Éramos vinte, dentre os quais, naturalmente, César e Daniel, e, menos naturalmente, o Mouro, o sr. Unverdorben, Giacomantonio e Velletrano: além disso, uns quinze ex-prisioneiros militares.

Passamos a noite dormitando inquietos no chão do carro. Chegou o dia: a locomotiva fumegava, o maquinista estava a postos e esperava com calma olímpica que a caldeira recebesse pressão. No meio da manhã, a máquina rugiu, com uma profunda e maravilhosa voz metálica, saracoteou, vomitou fumaça negra, os tirantes se esticaram, e as rodas começaram a girar. Olhamos uns para os outros, como perturbados. Havíamos resistido, apesar de tudo: havíamos vencido. Após o ano do Lager, de tormento e paciência; após o oceano de mortes que se seguiram à libertação; após o gelo, e a fome, e o desprezo, e a soberba companhia do grego; após as doenças e a miséria de Katowice; após as transferências insensatas, que nos fizeram sentir condenados a gravitar eternamente através dos espaços russos, como inúteis astros apagados; após o ócio e a nostalgia dolorosa de Stáryie Doróghi, voltamos a subir novamente, uma viagem para cima, de volta para casa. O tempo, após dois anos de paralisia, readquirira vigor e valor, trabalhava novamente para nós, e isso punha fim ao torpor do longo verão, à ameaça do inverno próximo, e nos tornava impacientes, ávidos por dias e quilômetros.

Mais cedo, desde as primeiras horas da viagem, percebemos que a hora da impaciência ainda não havia chegado: aquele itinerário feliz delineava-se longo e laborioso, e não desprovido de surpresas: uma pequena odisseia ferroviária dentro de nossa odisseia maior. Era preciso ainda paciência, em dose imprevisível: outra paciência.

Nosso trem tinha mais de meio quilômetro de extensão; os vagões achavam-se em péssimo estado, os trilhos também, a velocidade irrisória, não superior a quarenta ou cinquenta quilômetros por hora. O percurso era de linha única; as estações, que dispunham de um desvio morto, suficientemente amplas para permitir a parada, eram poucas, frequentemente o comboio devia ser dividido em duas ou três partes, e empurrado no desvio de parada com manobras complicadas e lentíssimas, com o fito de permitir a passagem de outros trens.

Não havia autoridades a bordo, com exceção do maquinista e da escolta, constituída por sete soldados de dezoito anos, que vieram da Áustria para nos acompanhar. Conquanto armados até os dentes, eram criaturas cândidas e bem-educadas, de alma ingênua e doce, vivos e despreocupados, como estudantes em férias, privados absolutamente de autoridade e de sentido prático. A cada parada do trem, nós os víamos passear para cima e para baixo na plataforma, com o parabélum a tiracolo, a aparência altiva e oficial. Davam-se muita importância, como se escoltassem um comboio de perigosos bandidos, mas era apenas aparência: logo percebemos que suas inspeções concentravam-se sempre mais nos dois vagões das famílias, na metade do comboio. Não eram atraídos pelas jovens esposas, mas pela atmosfera vagamente doméstica que expirava daquelas habitações ciganas ambulantes, e que talvez lhes recordasse a casa distante e a infância que acabara de terminar; mas, principalmente, sentiam-se fascinados pelas crianças, tanto que, após as primeiras etapas, escolheram os próprios domicílios diurnos nos vagões das famílias, e se retiravam para aquele que lhes fora reservado apenas para passar a noite. Eram cheios de cortesia e prestativos: ajudavam voluntariamente as mães, iam pegar água e rachavam a lenha para os fogões. Com os meninos italianos, estreitaram uma curiosa e assimétrica amizade. Aprenderam com eles várias brincadeiras, entre as quais aquela da roda: trata-se de um jogo feito com as bolas de gude, empurrando-as através de um complicado percurso. Na Itália, é compreendido como representação alegórica do giro ciclístico: pareceu estranho para nós o entusiasmo com que foi assimilado pelos jovens russos, em cujos países as bicicletas são raras, e as competições ciclísticas não existem. Como quer que seja, foi para eles uma descoberta: na primeira parada da manhã, não era raro ver os sete russos descendo de seu vagão-enxerga, correndo para os vagões das famílias, abrindo as portas com autoridade e pondo as crianças, cheias de sono, no chão. Depois, principiavam a escavar alegremente o círculo na terra com as baionetas e entregavam-se ao jogo apressadamente; de quatro, no chão, com a metralhadora às costas, ansiosos para não perder sequer um minuto antes que a locomotiva apitasse a partida.

Chegamos na noite de 16 a Bobruysk, na noite de 17 a Ovruch, e percebemos que estávamos repetindo de trás para frente as etapas de nossa última viagem rumo ao Norte, que nos levara de Zhmerinka a Slutsk e a Stáryie Doróghi. Passamos aquelas infindáveis jornadas, em parte dormindo, em parte conversando, ou assistindo ao dissipar-se da estepe majestosa e deserta. Desde os primeiros dias, nosso otimismo perdeu um pouco do seu esplendor: nossa viagem, que, segundo as aparências, seria bom esperar que fosse a última, fora organizada pelos russos da maneira mais imprecisa e improvisada que se possa imaginar: ou melhor, parecia não ter sido organizada, mas decidida, sabe-se lá por quem, sabe-se lá para onde, com uma simples assinatura. Em todo o comboio não havia mais do que dois ou três mapas geográficos, disputados sem trégua, nos quais íamos reencontrando com dificuldade nossos problemáticos progressos: viajávamos para o Sul, era indubitável, mas com uma lentidão e uma irregularidade exasperantes, com desvios e paradas incompreensíveis, percorrendo às vezes apenas dezenas de quilômetros nas vinte e quatro horas. Íamos frequentemente interrogar o maquinista (da escolta não é preciso falar: pareciam felizes somente pelo fato de estarem viajando de trem, e não lhes importava saber onde estávamos e para onde íamos); mas o maquinista, que emergia como um deus ínfero de seu habitáculo incandescente, abria os braços, encolhia os ombros, traçava com a mão um semicírculo de leste para oeste, e respondia todas as vezes: "Aonde iremos amanhã? Não sei, caríssimos, não sei. Iremos aonde houver trilhos".

Dentre nós, quem suportava com maior dificuldade e incerteza o ócio forçado era César. Sentava-se num canto do vagão, hipocondríaco e retesado, como um animal doente, e não se dignava a olhar tanto a paisagem, fora do vagão, quanto a nós, dentro. Mas era uma inércia aparente: quem precisa de atividades encontra sempre a ocasião. Enquanto percorríamos um distrito consteladode pequenas aldeias, entre Ovruch e Jitomir, sua atenção foi atraída por um pequeno anel de lata no dedo de Giacomantonio, seu pouco recomendável ex-sócio da praça de Katowice.

"Você me vende esse anel?", perguntou-lhe.
"Não", respondeu firmemente Giacomantonio.
"Dois rublos."
"Quero oito."

O negócio continuou longamente; parecia claro que ambos encontraram uma distração e uma agradável ginástica mental, e que o anelzinho era apenas um pretexto para uma espécie de jogo amigável, para um negócio de treinamento, para não perder o exercício. Contudo, não era assim: César, como de costume, concebera um plano bem preciso.

Para o assombro de todos, cedeu logo, e adquiriu o anel, ao qual parecia dar muito valor, por quatro rublos, soma grosseiramente desproporcional ao valor do objeto. Depois, voltou-se para o seu canto, dedicando-se, durante toda a tarde, a misteriosas práticas, expulsando com rosnados cheios de ira todos os curiosos que lhe faziam perguntas (e o mais insistente era Giacomantonio). Tirara do bolso remendos de tecido de diferentes qualidades, e polia cuidadosamente o anel, por dentro e por fora, soprando-o de quando em quando. Depois tirou um pacote de cigarros e continuou minuciosamente o trabalho com eles, com extrema delicadeza, sem mais tocar o metal com os dedos: a intervalos, erguia o anel à luz da janela, e o observava, girando-o vagarosamente como se fora um diamante.

Finalmente, aconteceu o que César esperava: o trem começou a diminuir a velocidade, e parou na estação de uma aldeia, nem muito grande e nem muito pequena; a parada prometia ser breve, porque o comboio permanecera indiviso nos trilhos de trânsito. César desceu, e começou a passear para cima e para baixo na plataforma. Mantinha o anel semiescondido no peito, debaixo do casaco; com ares de conspirador, aproximava-se dos camponeses russos, um a um, mostrava o anel pela metade e sussurrava, nervosamente: "Továrish, zólota, zólota!" ("ouro").

A princípio, os russos não lhe davam ouvidos. Mas um velhote observou o anel de perto, e fez-lhe uma oferta; César, sem hesitar, disse: "Sto" ("cem"): um preço bastante modesto para um anel de ouro, criminoso para um anel de lata. O velho ofereceu quarenta, César mostrou-se indignado e dirigiu-se para outro. Assim fez com diversos clientes, protelando, e procurando quem lhe oferecesse mais: e, ao mesmo tempo, mantinha os ouvidos bem abertos ao apito da locomotiva, para concluir o negócio e subir no trem logo depois.

Enquanto César mostrava o anel a este ou àquele, viam-se outros confabularem em pequenos grupos, incertos e desconfiados. Entretanto, a locomotiva apitou; César passou o anel ao último ofertante, embolsou uns cinquenta rublos, e subiu rapidamente para o trem que já começava a se mover. O trem percorreu um, dois, dez metros; depois diminuiu novamente, e parou com grande estridor dos freios.

César fechara as portas corrediças e olhava de soslaio, fora da fenda, primeiro triunfante, depois inquieto, finalmente cheio de terror. O homem do anel estava mostrando a compra aos conterrâneos: estes passavam o anel de mão em mão, viravam-no por todas as partes, e balançavam a cabeça com ares de dúvida e desaprovação. Depois viu-se o incauto comprador, evidentemente arrependido, levantar a cabeça e seguir resolutamente rumo ao comboio, à procura do refúgio de César: tarefa bastante fácil, porque o nosso vagão era o único de portas fechadas.

A coisa ia ficando decisivamente difícil: o russo, que não devia ser uma águia, talvez não teria conseguido identificar, sozinho, o vagão, mas já dois ou três de seus colegas indicavam-lhe energicamente a direção correta. César retirou-se bruscamente da fresta, e recorreu aos últimos expedientes: escondeu-se num canto do vagão, e fez-se cobrir apressadamente com todas as cobertas disponíveis. Logo desapareceu sob uma grande montanha de cobertas, colchas, sacos, casacos; ao aproximar o ouvido daquela montanha, pareceu-me ouvir débeis, frouxas, e ímpias — naquele contexto — palavras de oração.

Já se ouviam os russos gritando à porta do vagão, e batendo com os punhos contra a parede, quando o trem se pôs em movimento com um violento solavanco. César reemergiu, pálido como um morto, mas revigorou-se imediatamente: "Agora podem me procurar!".

Na manhã seguinte, sob um sol radiante, o trem parou em Kazatin. Esse nome não me soava novo: onde eu o havia lido ou ouvido? Talvez nos boletins de guerra? Mas, mesmo assim, tinha a impressão de ter uma recordação mais próxima e mais atual, como se alguém tivesse falado havia pouco a seu respeito: depois, e não antes do corte de Auschwitz, que rompia em duas partes a corrente de minhas lembranças.

E ei-la, então de pé na plataforma, exatamente sob o nosso vagão, a lembrança nebulosa personificada: Galina, a menina de Katowice, a tradutora-dançarina-datilógrafa do Kommandantur, Galina de Kazatin. Desci para cumprimentá-la, cheio de alegria e de espanto pelo encontro improvável: reencontrar a única amiga russa naquele imenso país.

Não a vi muito mudada: estava um pouco mais bem vestida, e se protegia do sol debaixo de uma pretensiosa sombrinha. Eu tampouco mudara muito, pelo menos exteriormente: um pouco menos desnutrido e infeliz do que então, igualmente maltrapilho; mas rico de uma nova riqueza, o trem às minhas costas, a locomotiva lenta, mas segura, e a Itália cada dia mais próxima. Desejou-me um bom regresso: trocamos algumas frases apressadas e embaraçadas, numa língua que não era a sua nem a minha, a língua fria do invasor, e logo nos separamos, pois o trem voltava a partir. No vagão, que corria aos solavancos, rumo à fronteira, eu me acomodava, cheirando o perfume barato que passara da sua para a minha mão; feliz por tê-la visto, e triste pela lembrança das horas passadas com ela, das coisas não ditas, dos momentos não desfrutados. Passamos novamente por Zhmerinka, desconfiados, a recordar os dias de angústia, transcorridos alguns meses antes: mas o trem prosseguiu sem dificuldades, e na noite de 19 de setembro, uma vez atravessada rapidamente a Bessarábia, estávamos no Prut, na linha da fronteira. Na densa escuridão, à maneira de uma despedida, a polícia da fronteira soviética executou uma tumultuosa e desordenada inspeção do comboio, à procura (foi o que nos disseram) de rublos, pois era proibido exportá-los; nenhum problema, pois gastamos todo o dinheiro. Passada a ponte, dormimos na outra margem, o trem parado, ansiosos para que a luz do dia nos revelasse a terra romena.

Foi, de fato, uma dramática revelação. Quando, de manhãzinha, abrimos as portas de par em par, nossos olhos viram um cenário surpreendentemente doméstico: Não mais a estepe deserta, geológica, mas as colinas verdejantes da Moldávia, com casas coloniais, palheiros, filas de parreiras; não mais enigmáticas inscrições cirílicas, mas, logo na frente de nosso vagão, um casebre torto, azulado de verdete, encimado com letras claras: "Paine, Lapte, Vin, Carnaciuri de Purcel". E, com efeito, na frente do casebre, encontrava-se uma mulher que tirava, em grande quantidade, de uma cesta aos seus pés, uma interminável linguiça, medindo-a com toesas, como se mede o barbante.

Viam-se camponeses como os nossos, de rosto magro e pálido, vestidos de negro, de terno, colete e a corrente do relógio no ventre; meninas a pé ou de bicicleta, vestidas quase como nós, que bem poderiam ser confundidas com vênetas ou abrucesas. Cabras, ovelhas, vacas, porcos, galinhas: mas, para pôr freios à precoce ilusão doméstica, encontrava-se, parado na passagem de nível, um camelo, remetendo-nos a algum outro lugar: um camelo extenuado, cinza, lanoso, carregado de sacos, expirando altivez e solenidade inerme através do pré-histórico focinho leporino. Igualmente dúbia soava aos nossos ouvidos a língua do lugar: raízes e desinências conhecidas, mas emaranhadas e contaminadas, em milenária concrescência, com outras de som estrangeiro e selvagem: um idioma familiar na música, e hermético no sentido.

Ocorreu na fronteira a complicada e penosa cerimônia da transferência dos vagões avariados, com bitola soviética, para outros, igualmente avariados, mas com bitola ocidental; pouco depois entramos na estação de Iasi, onde o comboio foi arduamente dividido em três troncos: sinal de que a parada teria durado muitas horas.

Em Iasi passaram-se dois fatos notáveis: reapareceram do nada as duas alemãs do bosque, e todos os "romenos" casados desapareceram. O contrabando das duas alemãs, através da fronteira soviética, devia ter sido organizado com grande audácia e habilidade por um grupo de militares italianos: os detalhes jamais foram conhecidos com precisão, mas falava-se que as duas moças teriam passado a noite crítica da passagem da fronteira escondidas debaixo do pavimento do vagão, entre os tirantes e as suspensões. Vimos quando passeavam pela plataforma na manhã seguinte, desembaraçadas e arrogantes, agasalhadas com roupas militares soviéticas, todas sujas de lama e de óleo. Agora sentiam-se seguras.

Simultaneamente, nos vagões dos "romenos" vimos explodirem violentos conflitos familiares. Muitos deles, já pertencentes ao corpo diplomático, desmobilizados ou autodesmobilizados pela Armir, foram trabalhar na Romênia e se casaram com mulheres romenas. No final da guerra, quase todos haviam optado pelo repatriamento, e os russos haviam organizado para eles um trem que os deveria levar para Odessa, onde seriam embarcados; mas em Zhmerinka foram reunidos ao nosso miserável comboio, e seguiram o nosso destino, sem que jamais soubéssemos se isso ocorrera por decisão ou por desordem. As mulheres romenas estavam furiosas com seus maridos italianos: estavam fartas de surpresas e aventuras, de comboios e bivaques. Agora voltavam ao território romeno, estavam em casa, queriam permanecer onde estavam e não havia razão para as dissuadir: algumas discutiam e choravam, outras tentavam arrastar os maridos para a terra; as mais excitadas jogavam fora dos vagões trastes e bagagens, enquanto as crianças, assustadas, corriam, gritando. Os russos da escolta acorreram, mas não entenderam nada, e olhavam inertes e indecisos.

Visto que a parada em Iasi ameaçava prolongar-se por toda a jornada, saímos da estação e caminhamos ao acaso pelas ruas desertas, entre casas baixas, da cor da lama. Um único bonde minúsculo e arcaico fazia viagem de ida e volta de um campo a outro da cidade; encontrava-se na estação um trocador, falava ídiche, era judeu. Com algum esforço conseguimos nos entender. Informou-me que já outros comboios de sobreviventes haviam passado por Iasi, de todas as raças: franceses, ingleses, gregos, italianos, holandeses, americanos. Em muitos deles, havia judeus que precisavam de ajuda: por isso, a comunidade judaica local constituíra um centro de assistência. Se tivéssemos uma hora ou duas de tempo, recomendava que fôssemos em delegação para esse centro: receberíamos conselhos e ajuda. Aliás, já que o bonde estava para partir, que subíssemos, nos deixaria na parada, e que não nos preocupássemos com a passagem.

Fomos Leonardo, o sr. Unverdorben e eu: através da cidade morta chegamos a um edifício esquálido, decadente, com portas e janelas substituídas por tábuas provisórias. No escritório sujo e poeirento, receberam-nos dois velhos patriarcas, de aspecto pouco mais opulento e viçoso do que o nosso: mas estavam cheios de afetuosos cuidados e de boas intenções, fizeram-nos sentar nas únicas três cadeiras disponíveis, encheram-nos de atenções e nos contaram precipitadamente, em ídiche e francês, as tremendas provações às quais, eles e outros poucos, conseguiram sobreviver. Estavam prontos às lágrimas e ao riso:

quando da despedida, convidaram-nos peremptoriamente para um brinde com um terrível álcool retificado, e nos deram um cesto de uvas para distribuir entre os judeus do comboio: juntaram também, esvaziando todas as gavetas e seus bolsos, uma soma em espécie, que no momento nos pareceu astronômica; mas cujo valor, após a divisão, e com os cálculos feitos com a inflação, percebemos depois ser principalmente simbólico.

DE IASI À LINHA

ATRAVESSANDO PLANÍCIES AINDA ESTIVAIS, atravessando pequenas cidades e vilarejos, cujos nomes soavam bárbaros (Ciurea, Scantea, Valsui, Piscu, Braila, Pogoanele), seguimos ainda por vários dias para o Sul, em minúsculas etapas: na noite de 23 de setembro, vimos o resplendor dos fogos dos poços petrolíferos de Ploesti; quando nosso misterioso piloto seguiu para o poente, e quando, no dia seguinte, observamos a posição do sol, percebemos que a nossa rota se invertera: estávamos navegando novamente para o Norte. Admiramos, sem os reconhecer, os castelos de Sinaia, residência real.

Em nosso vagão, o dinheiro acabara, e havíamos vendido ou trocado tudo o que pudesse ter valor comercial, mesmo que ínfimo. Por isso, com exceção de raros golpes de sorte ou ações de rapina, comíamos somente quando os russos nos davam de comer: a situação não era dramática, mas confusa e enervante.

Nunca ficou claro quem cuidava das provisões: muito provavelmente os próprios russos da escolta, que tiravam, de cada depósito civil ou militar, o que encontrassem pela frente; eram gêneros alimentares disparatados, ou talvez os únicos disponíveis. Quando o trem parava, sendo então desengatado, cada vagão enviava dois delegados ao dos russos, que se transformara pouco a pouco num caótico bazar ambulante; àqueles, os russos distribuíam, fora das regras, os víveres aos respectivos vagões. Era um jogo de azar: na quantidade, as rações eram às vezes escassas, às vezes ciclópicas, às vezes nulas; na qualidade, previsíveis, como todas as coisas russas. Recebemos cenouras, depois cenouras, e mais cenouras, por vários dias; em seguida, as cenouras desapareceram, e foi a vez dos feijões. Eram feijões secos, duros como saibro: para cozinhá-los, devíamos deixá-los de molho durante horas em recipientes improvisados, latas, tigelas, vasos suspensos no teto do vagão: de noite, quando o trem freava bruscamente, aquela selva suspensa entrava em violentas oscilações, água e feijão começavam a chover sobre os que dormiam; donde as brigas, as risadas e confusões na escuridão. Chegaram as batatas, depois *kasha*, depois pepinos, mas sem óleo; depois óleo, meia tigela por cabeça, quando os pepinos terminaram; depois sementes de girassol, exercício de paciência. Um dia recebemos pão e salsicha em abundância, e todos respiraram; depois, milho, durante uma semana, como se fossemos galinhas.

Somente os vagões-família tinham fogões: nos outros, cada qual cozinhava no chão, em fogos de bivaque, acesos rapidamente, tão logo o comboio parasse, ou apagados, no meio do cozimento, entre litígios e imprecações, quando o trem voltava a partir. Cozinhávamos de cabeça baixa, furiosamente, o ouvido atento ao apito da locomotiva, o olho nos vagabundos esfomeados, que logo chegavam do campo em grupos, atraídos pela fumaça como os sabujos pelo cheiro da caça. Cozinhávamos sobre três pedras como os nossos tataravós: e, visto que frequentemente faltavam as pedras, cada vagão acabou tendo a sua reserva. Surgiram espetos e engenhosos apoios; voltaram a aparecer as panelas de Cantarella.

O problema da lenha e da água tornava-se imperioso. A necessidade tudo simplifica: foram saqueados fulminantemente os depósitos particulares de madeira; foram roubadas as barreiras contra a neve, que naquelas aldeias eram acervadas nos meses de verão, ao lado dos trilhos; tapumes demolidos, dormentes; certa vez (não havia escolha) foi destruído um vagão de carga: providencial a presença do Mouro e de seu famoso machado. Quanto à água, eram necessários, em primeiro lugar, recipientes adequados, e todo vagão teve de providenciar um balde, mediante troca, furto ou compra. Nosso balde, comprado de forma regular, mostrou-se furado na primeira tentativa: nós o consertamos com o esparadrapo da enfermaria, suportando assim, milagrosamente, o cozimento até Brenner, onde se partiu.

Era geralmente impossível fazer reserva de água nas estações: diante da pequena fonte (quando havia uma) formava-se, em poucos segundos, uma fila interminável, e apenas alguns baldes podiam ser enchidos. Alguns iam escondidos ao tender, que guardava a reserva destinada à locomotiva: mas, se o maquinista percebesse, ficava irado e bombardeava os temerários com blasfêmias e carvões incandescentes. Não obstante, conseguíamos, algumas vezes, tirar a água quente do ventre da própria locomotiva: era água víscida e ferruginosa, inadequada para cozinhar, mas razoável para se lavar.

A melhor fonte eram os poços dos campos. O trem parava habitualmente entre os campos, diante de um sinal vermelho: por poucos segundos ou por horas, era impossível prever. Todos, então, tiravam rapidamente o cinto das calças, e todos eles eram afivelados, formando assim um longo fio; após o quê, a pessoa mais rápida do vagão saía correndo, com a corda e o balde, à procura de um poço. O mais rápido do meu vagão era eu, e consegui, frequentemente, me sair bem da tarefa; mas uma vez cheguei a correr o risco grave de perder o comboio. Já baixara o balde e o erguia com fadiga, quando ouvi a locomotiva apitar. Se abandonasse o balde e os cintos, preciosa propriedade comum, ficaria desonrado para sempre: puxei o balde com todas as forças de que fui capaz, agarrei-o, joguei a água no chão, e me pus a correr, atrapalhado pela confusão dos cintos, rumo ao trem, que já começava a se mover. Um segundo de atraso podia representar um mês de atraso: corri sem poupar esforços, pela vida, saltei duas sebes e o tapume, e arrojei-me nas pedras móveis do calçamento, enquanto o trem desfilava diante de mim. O meu vagão já passara: mãos piedosas estenderam-se para mim, engancharam os cintos e o balde, enquanto outras me agarraram pelos cabelos, pelas costas, pelas roupas, e me içaram ao último vagão, onde permaneci deitado, semidesmaiado, por meia hora.

O trem continuava seguindo para o Norte: embrenhava-se por um vale sempre mais estreito, passando os Cárpatos meridionais pelo desfiladeiro de Predeal no dia 24 de setembro, em meio às severas montanhas áridas, num frio pungente, e voltando a descer para Brasov. Aqui a locomotiva foi desengatada, garantia de trégua, e começou a desenrolar-se o cerimonial de costume: gente com ares furtivos e ferozes, machados à mão, caminhando dentro e fora da estação; outros com baldes, disputando a pouca água; outros, ainda, roubando a palha dos palheiros, ou fazendo negócio com os habitantes locais; meninos espalhados à procura de confusão ou de pequenos furtos; mulheres que lavavam ou que se lavavam publicamente, e que se visitavam e trocavam notícias de vagão em vagão, a reacender as discussões ocorridas durante a etapa, e a provocar outras. Os fogos foram acesos, e começou-se a cozinhar.

Junto ao nosso comboio encontrava-se estacionado um transporte militar soviético, carregado de caminhonetes, blindados e botijões de gasolina. Era vigiado por duas robustas mulheres-soldados, de botas e capacete, mosquete nos ombros e baioneta no cano: eram de idade indefinível e de aspecto duro e distante. Como vissem acender fogos junto aos botijões de gasolina, indignaram-se com a nossa inconsciência, e gritaram "nelziá nelziá", ordenando que os apagássemos imediatamente.

Todos obedeceram, praguejando; com exceção de um pequeno grupo de alpinos, pessoas duras, sobreviventes da campanha da Rússia, que preparavam um ganso e começavam a assá-lo. Consultaram-se com sóbrias palavras, enquanto as duas mulheres estavam enfurecidas; em seguida, dois daquele grupo, escolhidos pela maioria, puseram-se de pé, com o rosto severo e resoluto de quem se sacrifica conscientemente pelo bem comum. Foram ter com as mulheres-soldados e falaram com elas em voz baixa. O acordo foi surpreendentemente breve: as mulheres depuseram o capacete e as armas, enquanto os quatro, sérios e compostos, afastaram-se da estação, embrenharam-se numa senda e desapareceram de nosso olhar. Voltaram um quarto de hora mais tarde, as mulheres à frente, um pouco menos lenhosas e levemente congestionadas; os homens atrás, orgulhosos e serenos. O cozimento estava no ponto: os quatro se agacharam com os outros, o ganso foi cortado e repartido tranquilamente; depois disso, passada a breve trégua, as russas retomaram as armas e a vigilância.

De Brasov, a direção da marcha voltou-se novamente para o Oeste, para a fronteira húngara. Veio a chuva para piorar a situação: difícil acender os fogos, uma roupa apenas, e molhada no corpo, lama por toda a parte. O teto do vagão não era de zinco: poucos metros quadrados continuavam habitáveis, enquanto nos outros chovia impiedosamente. Brigas e atritos intermináveis quando nos deitávamos para dormir.

Diz uma antiga observação que em cada grupo humano existe uma vítima predestinada: alguém que causa compaixão, de quem todos se riem, de quem nascem rumores insípidos e maldosos, em quem todos despejam, com misteriosa concórdia, seu mau humor e seu desejo de prejudicar. A vítima do nosso vagão era o Carabineiro. Seria árduo estabelecer o porquê, ainda que houvesse um porquê: o Carabineiro era um jovem carabineiro dos Abruzos, doce, gentil, serviçal e de belo aspecto. Não era particularmente obtuso; sensível e melindroso, contudo, sofria dolorosamente as perseguições advindas dos outros militares do vagão. Mas era, justamente, carabineiro: e é sabido que entre a Arma (como se diz por antonomásia) e as outras forças armadas não corre bom sangue. Censura-se perversamente aos carabineiros a excessiva disciplina, seriedade, castidade, honestidade; a falta de humor; a obediência indiscriminada; os hábitos; o uniforme. A seu respeito correm lendas fantásticas, tolas e grotescas, que são transmitidas nas casernas de geração a geração: a lenda do martelo, a lenda do juramento. Não direi nada a respeito de uma lenda, demasiadamente conhecida e infame; segundo outra lenda, o jovem recruta da Arma deve prestar um secreto e abominável juramento ínfero em que, entre outros, se obriga solenemente "a matar seu pai e sua mãe": e todo carabineiro, ou já os matou, ou ainda os matará, sem o que não será admitido. O jovem infeliz não podia abrir a boca: "Fica quieto você, que matou o papai e a mamãe". Entretanto, jamais se rebelou: absorvia este e mais cem outros vitupérios com a paciência adamantina de um santo. Um dia falou comigo a sós, com neutralidade, e assegurou-me "que a coisa do juramento não era verdadeira".

Em meio à chuva, que nos tornava coléricos e tristes, viajamos quase sem parar durante três dias, parando apenas e por poucas horas numa aldeia cheia de lama, cujo glorioso nome era Alba Iulia. Na noite de 26 de setembro, após ter percorrido mais de oitocentos quilômetros em terras romenas, estávamos na fronteira húngara, junto a Arad, num vilarejo chamado Curtici.

Tenho certeza de que os habitantes de Curtici ainda recordarão o flagelo da nossa passagem: devemos supor, aliás, que essa passagem se agregou às tradições locais, e que deverá ser falada por muitas gerações, junto ao fogo, como em outras partes ainda se fala de Átila e de Tamerlão. Mesmo esse detalhe da nossa viagem é destinado a permanecer obscuro: segundo todas as evidências, as autoridades militares ou ferroviárias romenas não nos queriam mais, ou já nos haviam "descarregado", enquanto as húngaras não nos queriam aceitar, ou não nos haviam "tomado sob a sua responsabilidade": permanecemos, pois, detidos em Curtici, nós, o trem, a escolta, durante sete dias extenuantes, e devastamos a aldeia.

Curtici era um vilarejo agrícola de aproximadamente mil habitantes, e possuía muito pouco; nós éramos mil e quatrocentos, e precisávamos de tudo. Nos sete dias, esvaziamos todos os poços; esgotamos os depósitos de lenha, e provocamos graves estragos em tudo que a estação possuía de combustível; das latrinas da própria estação, melhor nem falar. Provocamos um pavoroso aumento nos preços do leite, do pão, do milho, dos frangos; após o quê, reduzido a zero o nosso poder de compra, verificaram-se furtos à noite e depois também durante o dia. Os gansos, que pareciam constituir o principal recurso local, e que inicialmente circulavam livres pelos caminhos cheios de lama em solenes bandos, bem-ordenados, desapareceram; em parte capturados, em parte presos nas gaiolas.

Todas as manhãs abríamos as portas, na absurda esperança de que o trem se tivesse movido inadvertidamente, durante o sono: mas nada mudara, o céu permanecia negro e chuvoso, as casas de lama diante de nossos olhos, o trem inerte e impotente como um navio encalhado; e as rodas, aquelas rodas que nos deviam levar para casa, ficávamos curvados diante das rodas para examiná-las: Não, não se moveram um milímetro sequer, pareciam soldadas aos trilhos, a chuva enferrujava as rodas. Tínhamos frio e fome, e nos sentíamos abandonados e esquecidos.

No sexto dia, enervado e enfurecido mais do que todos os outros, César nos deixou. Declarou que estava cheio de Curtici, dos russos, do trem e de nós; que não queria ficar louco, e tampouco morrer de fome ou ser morto pelos curticenses; pois, quando alguém está em forma, safa-se melhor sozinho. Disse que, se estivéssemos dispostos, podíamos também segui-lo: mas que ficasse bem claro, ele estava cheio de viver na miséria, estava pronto a correr riscos, mas queria agir logo, ganhar depressa algum dinheiro, e voltar para Roma de avião. Nenhum de nós se sentiu disposto a segui-lo, e César foi embora: tomou um trem para Bucareste, viveu muitas aventuras, conseguiu alcançar o seu propósito, voltou a Roma de avião, embora mais tarde do que nós, mas essa é uma outra história, uma história "de haulte graisse", que não contarei, ou que contarei num outro momento, apenas quando — e se no caso — César me der a permissão.

Se na Romênia eu experimentara um delicado prazer filológico ao degustar alguns nomes como Galati, Alba Iulia, Turnu Severin, na primeira entrada na Hungria tropeçamos, ao contrário, em Bekéscsaba, a que se seguiam Hódmezövasárhely e Kiskunfélegyháza. A planície magiar estava impregnada de água; o céu, plúmbeo, mas, acima de tudo, nos entristecia a falta de César. Deixara entre nós um vazio doloroso: na sua ausência, ninguém sabia o que dizer, ninguém mais conseguia vencer o tédio da viagem interminável, o cansaço dos dezenove dias de comboio, que agora pesavam às costas. Olhávamos um para o outro com um vago sentimento de culpa: por que o deixamos partir? Mas na Hungria, apesar dos nomes impossíveis, já nos sentíamos na Europa, sob as asas de uma civilização que era a nossa, ao abrigo de alarmantes aparições, como aquelas do camelo na Moldávia. O trem se dirigia para Budapeste, mas ali não entrou: parou várias vezes, em Uipest, em outras escalas periféricas, no dia 6 de outubro, oferecendo-nos visões espectrais de escombros, barracões provisórios e estradas desertas; depois embrenhou-se novamente na planície, entre aguaceiros e véus de neblina outonal.

Parou em Szób, e era dia de mercado: descemos todos, para esticar as pernas e gastar o pouco dinheiro que ainda possuíamos. Eu não tinha mais nada: mas estava com fome, e troquei o casaco de Auschwitz, que guardara zelosamente até então, por uma nobre mistura de queijo fermentado e cebolas, cujo aroma penetrante me subjugara. Quando a máquina apitou e voltamos a subir ao vagão, contamo-nos e havia dois a mais.

Um era Vincenzo, e ninguém se assustou com isso. Vincenzo era um menino difícil: um pastor calabrês de dezesseis anos, que terminara na Alemanha não se sabe como. Era selvagem como o Velletrano, mas de natureza diversa: tímido, reservado e contemplativo, violento e sanguíneo. Tinha admiráveis olhos azuis, quase femininos, e um rosto fino, móvel, lunar: quase nunca falava. Era nômade na alma, inquieto, atraído em Stáryie Doróghi pelo bosque, como por demônios invisíveis: e igualmente no trem, não tinha residência fixa num vagão, mas percorria-os todos. Logo compreendemos o porquê de sua instabilidade: quando o trem partiu de Szób, Vincenzo caiu no chão, com os olhos brancos e o maxilar duro como pedra. Rugia como se fosse uma fera, e se debatia, sendo mais forte do que os quatro alpinos que o seguravam: uma crise epilética. Certamente tivera outras, em Stáryie Doróghi e antes: mas todas as vezes, quando percebia os sinais premonitórios, Vincenzo, impulsionado pela sua feroz altivez, refugiava-se na floresta para que ninguém soubesse de seu mal; ou talvez, diante do mal, fugisse como os pássaros diante da tempestade.

Na longa viagem, não podendo permanecer em terra, quando sentia chegar o ataque trocava de vagão. Permaneceu conosco alguns dias, e depois desapareceu: nós o reencontramos empoleirado no teto de outro vagão. Por quê? Respondeu que lá de cima via-se melhor o campo.

Por diversas razões, o outro hóspede revelou-se também um caso difícil. Ninguém o conhecia: era um meninote robusto, descalço, vestindo terno e calças do Exército Vermelho. Falava apenas húngaro e nenhum de nós conseguia compreender. O Carabineiro nos contou que, enquanto estava comendo o pão, o menino aproximara-se dele e estendera-lhe a mão; dera-lhe metade de sua comida, e, desde então, não conseguira mais separar-se dele: enquanto todos tornavam a subir apressados ao vagão, o menino deve tê-lo seguido sem que ninguém prestasse atenção.

Foi bem recebido: uma boca a mais para alimentar não preocupava. Era um menino inteligente e alegre: logo que o trem se pôs em movimento, apresentou-se com grande dignidade. Chamava-se Pista, tinha catorze anos. Pai e mãe? Aqui era difícil fazer-nos entender: achei um toco de lápis e um pedaço de papel, desenhei um homem, uma mulher, e uma criança no meio; indiquei a criança dizendo "Pista", depois fiquei à espera. Pista tornou-se sério, depois fez um desenho de terrível evidência: uma casa, um avião, uma bomba que caía. Depois apagou a casa, e desenhou, nas proximidades, uma grande nuvem de fumaça.

Mas não estava inclinado a coisas tristes: reduziu a uma bola aquele papel, pediu outro, e desenhou um barril, com singular precisão. O fundo, em perspectiva, e todas as aduelas visíveis, uma a uma; depois a cintagem, e o ferro com o espinho. Olhamo-nos embaraçados: qual era o sentido da mensagem? Pista ria, feliz: depois desenhou a si mesmo, com um martelo numa das mãos e a serra na outra. Não havíamos entendido ainda? Seu trabalho era o de tanoeiro.

Todos gostaram dele imediatamente; por outro lado, gostava de ser útil, varria o chão todas as manhãs, lavava com entusiasmo as tigelas, ia buscar água, e ficava feliz quando o mandávamos "fazer as compras" junto com seus compatriotas nas várias paradas. Em Brenner já se fazia entender em italiano: cantava belas canções de seu país, que ninguém entendia, e que depois buscava explicar com gestos, fazendo rir a todos, e rindo ele mesmo em primeiro lugar. Era afeiçoado como um irmão menor ao Carabineiro; e lavou-lhe, pouco a pouco, o pecado original: matara o pai e a mãe, mas, no fundo, devia ser um bom filho, no momento em que Pista o seguira. Preencheu o vazio deixado por César. Perguntamos-lhe por que viera conosco, o que ia buscar na Itália: mas não conseguimos saber, em parte pela dificuldade de nosso entendimento, mas, principalmente, porque ele próprio parecia ignorar. Fazia meses que vagabundeava pelas estações como um cão vadio: seguira a primeira criatura humana que o olhara com misericórdia.

Esperávamos passar da Hungria para a Áustria sem complicações de fronteiras, mas não foi assim: na manhã do dia 7 de outubro, vigésimo-segundo dia de comboio, estávamos em Bratislava, na Eslováquia, diante dos montes Beskidy, das mesmas montanhas que impediam ver o lúgubre horizonte de Auschwitz. Outra língua, outra moeda, outro caminho: havíamos completado o anel? Katowice encontrava-se a duzentos quilômetros: iríamos recomeçar um outro inútil e extenuante giro pela Europa? De noite, todavia, entramos em terra alemã: no dia 8 estávamos encalhados no cais de Leopoldau, estação periférica de Viena, e nos sentíamos quase em casa.

A periferia de Viena era feia e casual como aquelas que nos eram familiares, de Turim e de Milão, e tal como aquelas, segundo nos lembrávamos, estava desfigurada e arruinada pelos bombardeios. Os passantes eram poucos: mulheres, crianças, velhos, nenhum homem. Paradoxalmente, a própria linguagem soava-me familiar: alguns compreendiam até o italiano. Trocamos o dinheiro que tínhamos pela moeda local, mas foi inútil: como em Cracóvia, em março, todas as lojas estavam fechadas, ou vendiam apenas gêneros racionados. "Mas o que se pode comprar em Viena sem téssera?", perguntei a uma menina que não tinha mais de doze anos. Vestia farrapos, mas tinha sapatos de salto alto e estava bastante maquiada: "Überhaupt nichts", respondeu-me com escárnio.

Voltamos ao comboio para passar a noite; durante a qual, com muitas sacudidelas e estridores, percorremos poucos quilômetros e nos vimos transferidos para uma outra escala, Viena-Iedlersdorf. Perto de nós emergiu da neblina um outro comboio, aliás, o cadáver atormentado de um comboio: via-se uma locomotiva vertical, absurda, com a cara apontada para o céu como se quisesse subir; todos os vagões, carbonizados. Aproximamo-nos, levados por um instinto de saque e por uma curiosidade escarnecedora: aguardávamos uma satisfação maligna para pôr as mãos nas ruínas daquelas coisas alemãs. Mas ao escárnio respondeu o escárnio: um vagão guardava vagos refugos metálicos, que deviam ter feito parte de instrumentos musicais queimados, e centenas de ocarinas de louça, que sobreviveram; outro vagão guardava pistolas de ordenança, fundidas e enferrujadas; o terceiro, um emaranhado de espadas recurvas, que o fogo e a chuva haviam soldado nas bainhas para todos os séculos: vaidade das vaidades, e o sabor frio da perdição.

Afastamo-nos, e vagando ao acaso encontramo-nos às margens do Danúbio. O rio estava cheio, turvo, amarelo e repleto de ameaça: naquele ponto o seu curso é quase retilíneo, e víamos, uma após outra, numa brumosa perspectiva de pesadelo, sete pontes, todas quebradas exatamente no centro, todas com os restos imersos na água turbilhonante. Enquanto voltávamos à nossa morada ambulante, fomos despertados pelo ruído de um bonde, única coisa viva. Corria loucamente nos trilhos precários, percorrendo as avenidas desertas, sem se deter nas paradas. Entrevíamos o manobrista no seu lugar, pálido como um espectro; atrás dele, delirando de entusiasmo, os sete russos da nossa escolta, e nenhum outro passageiro: era o primeiro bonde de suas vidas. Enquanto alguns se penduravam para fora das janelas, gritando "hurra, hurra", os outros incitavam e ameaçavam o motorista para que aumentasse a velocidade.

Havia um mercado numa grande praça; mais uma vez um mercado espontâneo e ilegal, mas muito mais miserável e furtivo do que o dos poloneses, que eu frequentara com o grego e com César: de perto, entretanto, lembrava outro cenário, o mercado negro do Lager, indelével em nossa memória. Não havia bancos, mas gente de pé, com frio, inquieta, em pequenos círculos, pronta para fugir com bolsas e malas na mão e os bolsos cheios; trocavam minúsculas bugigangas, batatas, fatias de pão, cigarros avulsos, velha e barata bugiganga caseira.

Voltamos aos vagões com o coração vazio. Não sentimos nenhuma alegria vendo Viena destruída e os alemães vencidos: pena; não era compaixão, mas uma pena mais ampla, que se confundia com a nossa própria miséria, com a sensação pesada e grave de um mal irreparável e definitivo, presente por toda a parte, aninhado como uma gangrena nas vísceras da Europa e do mundo, semente e danação futura.

Parecia que o trem não podia deixar Viena: após três dias de paradas e manobras, no dia 10 de outubro, estávamos em Nussdorf, outro subúrbio, esfomeados, tristes e molhados. Mas, na manhã do dia 11, como se tivesse reencontrado de pronto o rastro perdido, o trem se dirigiu com decisão para o poente: com inesperada rapidez, atravessou St. Pölten, Loosdorf e Amstetten, e, de noite, ao longo da estrada que corria paralela à ferrovia, apareceu um sinal, portentoso aos nossos olhares, como os pássaros que anunciam aos navegantes a terra próxima. Era um veículo novo para nós: um carro militar tosco e grosseiro, achatado como uma caixa, que trazia pintada na lateral uma estrela branca e não vermelha: um jipe, afinal. Um negro o dirigia; um dos ocupantes bracejava para nós, e gritava em napolitano: "Vamos pra casa, pessoal!".

A linha de demarcação estava, portanto, próxima: alcançamo-la em St. Valentin, a poucos quilômetros de Linz. Ali nos fizeram descer, saudamos os jovens bárbaros da escolta e o maquinista benemérito, e passamos à guarda dos americanos.

Os campos de trânsito são tanto mais desorganizados quanto mais breve é a duração média da estada: em St. Valentin paramos apenas poucas horas, um dia no máximo, e era por isso um campo muito sujo e primitivo. Não havia luz, aquecimento ou camas: dormia-se no chão de madeira, em barracões pavorosamente frágeis, em meio a um palmo de altura de lama. A única instalação eficiente era a dos banheiros e da desinfecção: sob essa espécie de purificação e de exorcismo, o Ocidente tomou posse de nós.

Para as tarefas sacerdotais estavam destinados alguns soldados americanos gigantescos e taciturnos, desarmados, mas adornados com uma miríade de trastes, cujo significado e emprego nos escapava. Quanto ao banho, tudo correu bem: eram umas vinte cabines de madeira, com ducha quente e roupões, luxo nunca visto. Depois do banho, levaram-nos para um vasto local de alvenaria, dividido em duas partes por um cabo, de onde estavam suspensos dez curiosos aparelhos, vagamente parecidos com martelos pneumáticos: lá fora ouvia-se pulsar um compressor. As mil e quatrocentas pessoas, tal era o nosso número, foram amontoadas num lado da divisão, homens e mulheres juntos: e eis, então, que entraram em cena dez funcionários de aspecto pouco terrestre, envolvidos em macacões brancos, com capacetes e máscaras antigas. Agarraram os primeiros do rebanho, e sem cerimônia enfiaram-lhes os canudos daqueles objetos suspensos, em todas as aberturas das roupas: na gola, na cintura, nos bolsos, sobre as calças, debaixo das saias. Eram uma espécie de enxofradores pneumáticos, que insuflavam inseticida: e o inseticida era o DDT, novidade absoluta para nós, como os jipes, a penicilina e a bomba atômica, a respeito da qual soubéramos havia pouco.

Praguejando ou rindo das cócegas, todos se adaptaram ao tratamento, até que chegou a vez de um oficial da marinha e de sua belíssima noiva. Quando os encapuzados puseram suas mãos, castas, embora toscas, nela, o oficial pôs-se energicamente no meio. Era um jovem robusto e resoluto: ai de quem ousasse tocar a sua mulher.

O perfeito mecanismo parou com precisão: os encapuzados consultaram-se brevemente, com inarticulados sons nasais, depois um deles tirou a máscara e o macacão e colocou-se diante do oficial com os punhos fechados, em posição de guarda. Os outros fizeram um círculo organizadamente, e teve início uma regular luta de boxe. Após alguns minutos de combate silencioso e cavalheiresco, o oficial caiu no chão com o nariz ensanguentado; a moça, transtornada e pálida, foi empoada por todos os lados, segundo as prescrições, mas sem cólera ou vontade de represália, e tudo entrou na ordem americana.

Smolensk
Minsk
Bobruysk
Stáryie Doróghi
Slutsk
Haia
HOLANDA
Berlim
POLÔNIA
Bruxelas
BÉLGICA
ALEMANHA
Varsóvia
URSS
LUXEMBURGO
Luxemburgo
Ovruch
Kiev
Praga
Cracóvia
Katowice
Rzeszów
Jitomir
Auschwitz
Tarnów
Kazatin
FRANÇA
TCHECOSLOVÁQUIA
Przemyšl
Lvov
Ternopol
Proskurov
Vinnitsa
Zhmerinka
Munique
St. Pölten
Braunau
Viena
Galanta
Mogilev
Garmisch
Wels
Amstetten
St. Valentin
Beltsy
Berna
Innsbruck
Bratislava
Szób
Budapeste
SUÍÇA
Brenner
ÁUSTRIA
HUNGRIA
Szolnok
Iasi
Bolzano
Bekéscsaba
Vaslui
Kiskunfélegyháza
Trento
Curtici
Birlad
Hodmezövasárhely
Turim
Milão
Verona
Arad
Alba Iulia
Brasov
Braila
Belgrado
ROMÊNIA
Ploiesti
Bucareste
ITÁLIA
IUGOSLÁVIA
BULGÁRIA
Sofia

O DESPERTAR

A ÁUSTRIA FAZ FRONTEIRA COM A ITÁLIA, e St. Valentin não dista de Tarvisio mais do que trezentos quilômetros; e mesmo assim, no dia 15 de outubro, trigésimo-primeiro dia de viagem, atravessamos uma nova fronteira e entramos em Munique, tomados por um cansaço ferroviário inconsolável, por uma náusea definitiva dos trilhos, dos sonos precários nos assoalhos de madeira, dos solavancos, das estações; os cheiros familiares, comuns a todas as ferrovias do mundo, o cheiro forte dos dormentes, dos freios quentes, do carvão queimado, tudo isso nos afligia com um desgosto profundo. Estávamos cansados de todas as coisas, cansados especialmente de ultrapassar inúteis fronteiras.

Mas, por outro lado, o fato de sentir pela primeira vez, debaixo de nossos pés, um pedaço da Alemanha — não da Alta Silésia ou da Áustria, mas da Alemanha propriamente dita — somava ao nosso cansaço um estado de alma complexo, feito de impaciência, de frustração e de tensão. Parecia que tínhamos algo a dizer, coisas enormes a dizer, a cada alemão em particular, e que cada alemão tinha coisas a nos dizer: sentíamos a urgência de tirar conclusões, de perguntar, explicar e analisar, como fazem os jogadores de xadrez no final do jogo. Sabiam, "eles", a respeito de Auschwitz, da tragédia silenciosa e cotidiana, a um passo de suas portas? Se sabiam, como podiam caminhar pelas ruas, voltar para casa e olhar os próprios filhos, transpor os umbrais de uma igreja? Se não sabiam, deviam, deviam sagradamente ouvir, saber de nós, de mim, tudo e depressa: eu sentia o número tatuado no braço queimando como uma chaga.

Errando pelas ruas de Munique, cheias de escombros, ao redor da estação onde, mais uma vez, o nosso trem jazia encalhado, parecia-me estar caminhando entre tropas de devedores insolventes, como se cada qual me devesse alguma coisa e se negasse a pagar. Eu estava entre eles, no campo de Agramante, em meio ao povo dos Senhores: mas os homens eram reduzidos, muitos mutilados, muitos vestidos de trapos como nós. Parecia-me que cada um deveria ter nos interrogado, ler em nossos rostos quem éramos, e ouvir humildemente a nossa história. Mas ninguém olhava em nossos olhos, ninguém aceitou o desafio: eram surdos, cegos e mudos, entrincheirados entre as próprias ruínas como num fortim de desejado desconhecimento, fortes, ainda, capazes de ódio e desprezo, prisioneiros ainda do antigo nó de soberba e culpa.

Surpreendi-me buscando no meio deles, em meio àquela massa anônima de rostos fechados, outros rostos, bem definidos, muitos providos de nome: quem não podia não saber, não lembrar, não responder; quem comandara e quem obedecera, matara, humilhara, corrompera. Tentativa precária e vã: porque não eles, mas outros, os poucos justos, responderiam em seu lugar.

Se em Szób embarcáramos um hóspede, depois de Munique percebemos que havíamos embarcado uma ninhada inteira: nossos vagões não eram mais sessenta, mas sessenta e um. No fim do trem, viajava conosco para a Itália um vagão novo, apinhado de jovens judeus, meninos e meninas, provenientes de todos os países da Europa Oriental. Nenhum deles aparentava ter mais que vinte anos, mas eram pessoas extremamente seguras e decididas: eram jovens sionistas, iam para Israel, passando por onde podiam e abrindo caminho como podiam. Um navio esperava-os em Bari: haviam comprado o vagão, e engatá-lo ao nosso trem foi a coisa mais simples do mundo: engataram-no simplesmente, sem pedir permissão a mais ninguém. Fiquei assustado, mas riram de meu espanto: "Pois então Hitler não morreu?", perguntou-me o chefe deles, com o seu olhar imóvel de falcão. Sentiam-se imensamente livres e fortes, donos do mundo e de seu destino.

Chegamos de noite a Garmisch-Partenkirchen, ao campo de Mittenwald, entre as montanhas, na fronteira austríaca, numa extraordinária desordem. Aí pernoitamos, e foi a nossa última noite de gelo. No dia seguinte, o trem seguiu para Innsbruck, onde se encheu de contrabandistas italianos, os quais, na ausência das autoridades constituídas, deram-nos os cumprimentos da pátria, e distribuíram generosamente chocolate, aguardente e tabaco.

Na subida para a fronteira italiana o trem, mais cansado do que nós, partiu-se em dois, como um fio demasiadamente esticado: muitos ficaram feridos, e essa foi a última aventura. No meio da noite, passamos o Brenner, que tínhamos atravessado para o exílio vinte meses antes: os companheiros menos sofridos, em alegre tumulto; Leonardo e eu, num silêncio transido de memória. De seiscentos e cinquenta, todos os que então partíramos, voltávamos três. E quanto perdêramos naqueles vinte meses? O que encontraríamos em casa? Quanto de nós fora corroído, apagado? Retornávamos mais ricos ou mais pobres, mais fortes ou mais vazios? Não sabíamos; mas sabíamos que nas soleiras de nossas casas, para o bem ou para o mal, nos esperava uma provação, e a antecipávamos com temor. Sentíamos fluir nas veias, junto com o sangue extenuado, o veneno de Auschwitz: onde iríamos conseguir forças para voltar a viver, para cortar as sebes, que crescem espontaneamente durante todas as ausências, em torno de toda casa deserta, de toda toca vazia? Logo, amanhã mesmo, devíamos lutar contra inimigos ainda ignorados, dentro e fora de nós: com que armas, com que energia, com que vontade? Nós nos sentíamos velhos de séculos, oprimidos por um ano de lembranças ferozes, esvaziados e inermes. Os meses transcorridos, embora duros, de vagabundagem às margens da civilização, pareciam agora uma trégua, um parêntese de ilimitada disponibilidade, um dom providencial, embora irrepetível, do destino.

Visitando tais pensamentos, que nos impediam o sono, passamos a primeira noite na Itália, enquanto o trem descia lentamente pelo vale do Adige, deserto e escuro. No dia 17 de outubro, acolheu-nos o campo de Pescantina, próximo de Verona, e aqui nos separamos, cada qual seguindo a própria sorte: mas somente na noite do dia seguinte o trem partiu para Turim. No vórtice confuso de milhares de refugiados e sobreviventes, conseguimos entrever Pista, que já encontrara o seu caminho: trazia a faixa branca e amarela da Pontifícia Obra de Assistência, e colaborava, ativo e feliz, para a vida do campo. E, de repente, a cabeça mais alta da multidão, caminhando em nossa direção, uma figura, um rosto conhecido, o Mouro de Verona. Vinha cumprimentar-nos, a Leonardo e a mim: chegara em casa, antes de todos, pois Avesa, sua cidade, encontrava-se a poucos quilômetros. E nos abençoou, o velho blasfemador: ergueu dois dedos enormes e nodosos, e nos abençoou com o gesto solene dos pontífices, augurando um bom retorno e que fôssemos felizes. O augúrio foi grato, pois dele tínhamos necessidade.

Cheguei a Turim no dia 19 de outubro, após trinta e cinco dias de viagem: a casa estava de pé, todos os familiares vivos, ninguém me esperava. Eu estava inchado, barbudo e maltrapilho, e tive dificuldade em fazer-me reconhecer. Encontrei os amigos cheios de vida, o calor da mesa segura, a concretude do trabalho cotidiano, a alegria libertadora de contar. Reencontrei uma cama ampla e limpa, que de noite (instante de terror) cedeu suavemente com o meu peso. Passados muitos meses, desapareceu em mim o hábito de caminhar com os olhos fixos no chão, como se procurasse algo para comer ou para guardar logo no bolso, e vender para obter pão; e não cessou de visitar-me em intervalos, ora compactos, ora escassos, um sonho cheio de assombro.

É um sonho dentro de outro sonho, plural nos particulares, único na substância. Estou à mesa com a família, ou com amigos, ou no trabalho, ou no campo verdejante: um ambiente, afinal, plácido e livre, aparentemente desprovido de tensão e sofrimento; mas, mesmo assim, sinto uma angústia sutil e profunda, a sensação definida de uma ameaça que domina. E, de fato, continuando o sonho, pouco a pouco ou brutalmente, todas as vezes de forma diferente, tudo desmorona e se desfaz ao meu redor, o cenário, as paredes, as pessoas, e a angústia se torna mais intensa e mais precisa. Tudo agora tornou-se caos: estou só no centro de um nada turvo e cinzento. E, de repente, sei o que isso significa, e sei também que sempre soube disso: estou de novo no Lager, e nada era verdadeiro fora do Lager. De resto, eram férias breves, o engano dos sentidos, um sonho: a família, a natureza em flor, a casa. Agora esse sonho interno, o sonho de paz, terminou, e no sonho externo, que prossegue gélido, ouço ressoar uma voz, bastante conhecida; uma única palavra, não imperiosa, aliás breve e obediente. É o comando do amanhecer em Auschwitz, uma palavra estrangeira, temida e esperada: levantem, "Wstavach".

Turim, dezembro de 1961-novembro de 1962

PRIMO LEVI (Turim, 1919-87), químico e escritor de renome mundial, de família judaico-piemontesa, foi um sobrevivente de Auschwitz. Dessa condição se forjou toda a sua obra. No Brasil foram publicados, de sua autoria, *É isto um homem?* (Rocco, 1989), *Os afogados e os sobreviventes* (Paz e Terra, 1990), *A tabela periódica* (Relume Dumará, 1994) e, pela Companhia das Letras, *Se não agora, quando?* (1999), *71 Contos de Primo Levi* (2005), *A chave estrela* (2009) e *Assim foi Auschwitz* (2015), este último com a coautoria de Leonardo De Benedetti.

1ª edição Companhia das Letras [1997] 1 reimpressão
1ª edição Companhia de Bolso [2010] 4 reimpressões

Esta obra foi composta pela Verba Editorial
em Janson Text e impressa pela Gráfica Bartira em ofsete
sobre papel Pólen Natural da Suzano S.A.

A marca FSC® é a garantia de que a madeira utilizada na fabricação do papel deste livro provém de florestas que foram gerenciadas de maneira ambientalmente correta, socialmente justa e economicamente viável, além de outras fontes de origem controlada.